小学生学业述评研究

李健 等◎著

郑州大学出版社

图书在版编目(CIP)数据

小学生学业述评研究／李健等著. -- 郑州：郑州
大学出版社，2024．7．-- ISBN 978-7-5773-0559-2

Ⅰ．①G622.47

中国国家版本馆 CIP 数据核字第 2024DB5206 号

小学生学业述评研究

XIAOXUESHENG XUEYE SHUPING YANJIU

策划编辑	郜　毅	封面设计	王　微
责任编辑	吴　静	版式设计	苏永生
责任校对	郜　毅　郑利欢	责任监制	李瑞卿

出版发行	郑州大学出版社	地　　址	郑州市大学路40号(450052)
出 版 人	孙保营	网　　址	http://www.zzup.cn
经　　销	全国新华书店	发行电话	0371-66966070
印　　刷	郑州宁昌印务有限公司		
开　　本	710 mm×1 010 mm　1／16		
印　　张	11.25	字　　数	168 千字
版　　次	2024 年 7 月第 1 版	印　　次	2024 年 7 月第 1 次印刷

书　　号	ISBN 978-7-5773-0559-2	定　　价	58.00 元

　　我国长期以来形成了"万般皆下品惟有读书高"的社会文化心理,教育不仅是丰富、发展人的途径,更是获取职业回报,转换社会身份,实现社会流动的重要载体。这些功能都要通过教育评价来实现,故教育评价既要兼顾选拔、甄别的功能,又要反过来促进管理、课程、教学等教育要素的变革。这正是传统教育评价方式积重难返的重要原因。

　　但教育评价到了非变不可的地步。落后的教育评价不仅是机械的,更是冷漠的。很长一段时间内教育评价只关注结果,只看重分数,没有看到学生作为人的丰富多彩的发展历程,漠视了学习过程中的道德、情感、态度、意志等因素,对学生的努力程度、进步幅度等缺乏足够关注。2020年10月,中共中央、国务院印发《深化新时代教育评价改革总体方案》,就是为了克服教育评价的顽瘴痼疾,系统引导教育评价向纵深改革。该方案中明确提出"要探索建立中小学教师教学述评制度,任课教师每学期须对每个学生进行学业述评"。

　　相较于其他评价方式,学业述评既有对学习质量和结果的客观描述,也有对未来成长发展的关切和憧憬。小学生学业述评不仅描述学业水平,也回顾学习过程,更关注个体的学习意愿、学习投入、学习品质、心理感受等。对小学生而言,学业述评不再是冷冰冰的数字,也不再简单地将他们分成三六九等,每个孩子都是独一无二、各美其美的个体。基于这样的理解,我们

1

尝试系统探索关于小学生学业述评的历史、现状和未来。

《小学生学业述评研究》分为三个部分，第一部分是关于小学生学业述评的历史与起点问题，主要包括小学生学业评价的源流与发展（第一章）、小学生学业述评的基本问题（第二章）；第二部分是关于小学生学业述评的两个重要支撑理论，主要包括儿童本位与小学生学业述评（第三章）、人本主义与小学生学业述评（第四章）；第三部分是关于小学生学业述评的学科理解与实操策略，主要包括面向未来教育的小学语文学业述评（第五章）、基于核心素养的小学数学学业述评（第六章）、发展性理念下小学英语学业述评（第七章）。除此之外，本书还对小学生学业述评进行了总结与展望，并附录了语文、数学、英语三科学业述评各十则。

本书可供各学校、各教师探索教育评价改革，尤其是开展学业评价改革行动参考使用。在"双减"背景下，本书也可供名师工作室、名校长工作室、名园长工作室、教师教育培训机构学习、探索、研究之用。对于关心、关注、支持教育评价改革的学者、家长、教育管理者、社会人士等，希望本书起到抛砖引玉之用。

目录

第一章

小学生学业评价源流与发展

　　学业评价是指以我们现行的课程标准为依据,运用恰当有效的工具和途径,系统地收集学生在各门学科教学和自学影响下,认知行为上的变化信息和证据,并对学生的知识和能力水平进行价值判断的过程。学生学业评价是教育评价的重要组成部分。崔允漷、夏雪梅在《试论基于课程标准的学生学业成就评价》中指出:"中小学生学业成就评价变革的历史,可以说是一部试图通过不断完善选拔鉴别功能的单一考试的变革来驱动整个评价变革的历史。"①小学生学业评价在目标、方式、理念上也随着时代的更迭不断突破传统、向前发展。

第一节　小学生学业评价目标嬗变

一、从中华人民共和国成立到"文化大革命"之前学业评价目标紧跟时事政治

　　在中华人民共和国成立之初,教育紧跟政治的脚步,具有强烈的政治气息和鲜明的时代特色,小学教材中出现大量歌颂党和领袖的题材。以小学

---

　　① 崔允漷,夏雪梅.试论基于课程标准的学生学业成就评价[J].课程·教材·教法,2007(01):13-18.

语文为例,1949 年中华人民共和国成立后,"国文"更名为"语文"。因为当时还处于新旧交替时期,教材在形式上还保留着一些封建时期的旧特色,课本像古书一样自左向右翻阅,采用竖行排版方式,印刷也为繁体字等。在20 世纪 50 年代末的人民公社化运动中,小学语文课本一年级第一篇的内容则变成了:"爷爷六岁去放羊,爸爸六岁去逃荒。今年我也六岁了,公社送我上学堂。"①

　　小学语文教材从"国文"改名到教材排版,从歌颂领袖到宣传政治运动的内容变化上不难看出,从中华人民共和国成立至"文化大革命"前,小学生学业评价目标紧跟时事政治,其中包括小学生对中国共产党和领袖的感人事迹、优秀品质的学习、理解、掌握情况。

二、"文化大革命"时期学业评价目标具有较强的政治性

　　"文化大革命"时期,受到政治因素的影响,小学生学业评价目标体现了政治化、功利化的特点。以小学语文课程为例,在教学中,语文的"工具性"特点、"听说读写"能力的培养都受到一定程度的影响。"文化大革命"期间的小学语文教学以毛主席为中心,教材因为人民教育出版社的解散分崩离析,全国各地开始自行编写各种各样的"革命教材",但相同的是小学语文课本第一册第一课大部分都是"毛主席万岁"。这个时期的学业评价以思想政治为主,学业评价目标与政治挂钩,体现较强的政治性。②

三、改革开放时期学业评价目标从单一走向多样

　　受科学、技术等教育思想的影响,20 世纪 80 年代初期的学生评价中重智育、轻体育,重理论、轻实践,教师对学生的学业评价重成绩、轻过程;20 世

---

① 贺媛.建国 70 年来人教版小学语文教材第一册演变研究[D].延安大学,2020.
② 陈矩弘."文化大革命"时期福建教育革命研究[D].福建师范大学,2004.

纪80年代后,学业评价持续发展,从对学生学业成绩的评价转向注重学生素质的全面评价。

1985年5月,《中共中央关于教育体制改革的决定》提出:"教育体制改革的根本目的是提高民族素质,多出人才,出好人才。"1986年4月,第六届全国人民代表大会第四次会议讨论通过《中华人民共和国义务教育法》。这是我国历史上第一部由国家制定的教育法规,于1986年7月1日起正式施行。《中华人民共和国义务教育法》中明确提出了"义务教育必须贯彻国家的教育方针,努力提高教育质量,使儿童、少年在品德、智力、体质等方面全面发展,为提高全民族的素质,培养有理想、有道德、有文化、有纪律的社会主义建设人才奠定基础"。"多出人才,出好人才""全面发展"都要求提高基础教育的改革质量。从1985年至1988年,国家试行小学毕业就近直接升入中学,不再举行小升初的升学考试,强调学生全面发展。

学业评价从最初的学生成绩评价逐步发展为全面综合评价,评价目标也从重成绩的单一走向关注素质的多样。小学教学中,教师不再是只针对预先设定的评价目标进行教学,而在教学中逐步关注学生的发展;不再是简单地公布标准答案,而是关注学生对问题多角度、多方面的思考。

四、2001年《基础教育课程改革纲要(试行)》强调学业评价目标的发展性

2001年,教育部印发《基础教育课程改革纲要(试行)》,倡导发展性评价。教师在教学过程中要保护小学生的自尊心、自信心,体现对小学生的尊重与爱护,关注小学生的学业发展需要,注重对小学生素质的综合考查,倡导评价指标的多样化,改变单纯通过书面测验、考试评价小学生的情况,主张运用多种方法综合评价小学生在情感、态度与价值观、创新意识和实践能力等方面的进步与变化。通过对小学生学业的多层次评价,重视其发展,培养德智体美劳全面发展的人才。

例如在某语文课堂上,教师给出了一道填空题:"雪渐渐地融化了,变成了( )。"大多数的小学生根据生活经验填的是"水",而有一个小学生的答案是"春天"。出题的教师在肯定大多数小学生答案的同时,对"雪渐渐地融化了,变成了春天"这个答案予以评价:"这位同学的文学想象力特别丰富! 在我们的印象中,雪就是冬天的象征,雪融化了就是春天要来了。如果在写作文的时候,我们运用这种象征的手法,那么我们的作文一定会很出彩!"教师没有根据标准答案给予"春天"否定,而是鼓励小学生发散思维,将教学引入一个更深的层次,既强调了教学的发展性,也让语文的魅力得以展现。

五、《义务教育课程方案和课程标准(2022 年版)》强调小学生学业评价目标的科学化、具体化

《义务教育课程方案和课程标准(2022 年版)》中对小学生的知识掌握、实际运用都有十分严格的要求,更加注重小学生的学习过程所得,对小学生的评价目标要求更加全面化,也更加强调"育人"的目标,同时,新课标也明确了教师要从"有理想""有本领""有担当"三个方面进行育人教学。通过对小学生学业质量要求的分析,可以清楚地看到小学生的学业评价目标在向着科学化方向发展。

此外,本次课程改革强调核心素养的培养,以此作为小学课程的核心目标。以小学语文学科为例,语文学科的核心素养由语言的建构、文化的理解、思维的发展和审美的鉴赏组成,具有基础性和发展性,这就要求小学语文教师针对小学生学业展开评价时,不能单纯以小学生的语文考试成绩为评价依据,还应当关注小学生的文化理解、审美素质、人文情感等方面的内容。因此,教师对小学生知识目标的评价要尽可能具体,评价的标准应涵盖知识和技能两个层面。教师对小学生能力目标的考核应当在小学生打好知识基础的前提下,积极发展学科能力与素养,全面地对小学生"听说读写"能

力、交际能力等方面开展有效评价比单纯关注学业考试成绩进行评价更科学。可以看出,学业评价更加具体,更加有针对性。

第二节　小学生学业评价方式革新

小学生学业评价具有检查、诊断、反馈、激励、甄别和选拔等多种功能,目的是考查小学生实现课程目标的程度,检验和改进小学生的学习与教师的教学。在小学生学业评价目标不断变化的过程中,小学生学业评价方式也在转变,更加多样化、科学化,更加关注小学生的体验,将小学生从单一的笔试中解放出来,通过个体展示、团队展示、学科能力展示、综合能力展示、个性特长展示等,给每一位小学生提供表现自我的机会。①

一、纸笔评价时期

我国的教育属于传统的应试教育,自中华人民共和国成立后,小学教育中的学业评价方式即以笔试评价(书面测试)为主。在考查小学生对知识的掌握程度的同时,还是采用书面测试的方式。经实践证明,这种评价方式可以较为科学地直接反馈小学生对书面知识的积累与掌握情况,也可以让教师明确小学生对知识的理解和掌握程度,更有利于反馈小学生的学业情况,有利于突出教学的重点,有利于教师对教学的反思和改进。但仅靠试卷测试对小学生的发展和成长做出评价的方式太单一,它不应该成为唯一的评价方式,因为一次的分数不能代表小学生所有方面,反而会让教师对小学生进行评价时忽略小学生的成长和发展。例如,某小学的 A 学生在三年级的

---

① 李妙红,齐玮,时玉莲.改革学业评价方式,促进学生全面发展[J].河北教育(综合版),2015(02):42-43.

某两次考试中分别取得了 59 分和 69 分的成绩,教师仅凭分数的高低判断 A 学生在学业上有一定的进步。其实不然,A 学生得 59 分时,该试卷试题难度偏大,59 分已然是班级的中下水平;但 A 学生在学习拖拉、上课不认真的情况下得了 69 分,且这个分数已是当时班级的倒数第一;由此看来,A 学生的学习是退步了,对知识的掌握也不如上一阶段好,那该教师的评价就失之偏颇了。

二、多元化发展时期

2001 年,教育部《基础教育课程改革纲要(试行)》施行以来,教育评价领域也展开了一系列探索。2013 年 6 月,教育部下发的《关于推进中小学教育质量综合评价改革的意见》中要求相关部门"基本建立体现素质教育要求、以小学生发展为核心、科学多元的中小学教育质量评价制度,切实扭转单纯以小学生学业考试成绩和学校升学率评价中小学教育质量的倾向,促进小学生全面发展、健康成长"。这要求小学生德智体美劳全面发展,要求教师引导小学生健康成长,关注小学生的发展,对小学生进行多元化的评价,例如平常作业评价、标准化考试评价、教师自编测验评价、制作小学生档案袋、心理健康评价等。又例如,从一次性评价转变为多次性评价。小学体育成绩测试时,学生没有达到优秀等级,应给予第二次、第三次获得评价的机会,若测试后达到优秀等级,教师应给予这位小学生优秀评价。这体现了教师在教育过程中鼓励小学生的同时也注重小学生的全面发展。[①]

这些多元化的评价方式大体上分为量化评价与质性评价。[②] 量化评价是指通过收集数量化资料信息,运用数学分析方法得出评价结论的一类评价。量化评价客观、统一、测量结果的分布范围大,可以满足小学升初中选

---

① 金龙德.新课程评价理念摭谈[J].吉林教育,2014(33):25-26.
② 肖志康.教师评价转向:量化与质性的结合[J].林区教学,2022(06):6-10.

拔、甄别的教育需求,有利于选拔出优秀小学生,也可以作为对小学生进行适当的奖惩、晋级的依据。但量化评价就像考卷上的客观题,拥有标准统一的答案,缺少小学生的主观思考,过分强调小学生的共性、稳定性、统一性,而忽视小学生的个性发展,不利于小学生自我的养成。质性评价是指通过收集非数量化资料信息并运用描述分析方法得出评价结论的一类评价。质性评价可以用系统描述分析取代抽象分数,指出评价对象(小学生)的具体优缺点,并在双方交流沟通中达成共识;还可以为师生提供有效反馈信息,教师可以从中了解小学生的基本信息进而改进教学,小学生也可以在师生的沟通中了解教师的教学方式,从而适应教学。例如行为观察记录、档案袋评价、情境测验等。但质性评价的主观性强,相比量化评价,甄别、选拔功能弱,较适用于记录小学生的成长和发展。[①]

三、百花齐放的实验期

2021年7月,中共中央办公厅、国务院办公厅印发的《关于进一步减轻义务教育阶段学生作业负担和校外培训负担的意见》中明确指出:"学校要确保小学一二年级不布置家庭书面作业,可在校内适当安排巩固练习;小学三至六年级书面作业平均完成时间不超过60分钟。""双减"就是为中小学生减作业负担和校外培训负担。作业作为评价小学生学业的一个重要依据却被限制,教师应该如何对小学生进行日常的学业评价呢? 各地开展了百花齐放的实验。针对一二年级的小学生,不少小学采用口头作业的形式。例如,要求小学生进行声母表、韵母表的背诵;背诵课文中的儿童诗;从1数到50;背诵九九乘法口诀表。这种口头作业不仅增强了父母与孩子间的互动,也拉近了家校间的联系,为小学生的成长营造了良好的家校环境。针对三四年级小学生,教师们减少了书面作业的数量,更重视其质的提高。

---

① 张同珍.小学生学业成就形成性评价的学校个案研究[D].淮北师范大学,2019:20.

第三节 小学生学业评价理念发展

一、学业评价应当摒弃分数决定一切的狭隘思维

在评价方式单一,仅以一份考卷定成败的时期,小学生学业评价理念十分简单。家长根据分数评判小学生的学习、综合素质等,教师以分数判定小学生在校情况、对知识的掌握程度、对学业的态度等。在只注重分数的时期,小学生只能不断从书面知识中死记硬背、在一遍一遍地练习中模仿,只是为了寻找那份标准答案。在这种评价理念中,甄选、选拔优秀人才的功能十分突出,却忽视了发展的原则。

对于许多小学生来说,分数是决定父母心情的"晴雨表",懂事的小学生会尽自己最大的努力争取高分,努力成为老师心中的优秀小学生、家长眼中"别人家的孩子"。但也不乏有一些小学生为取得高分,走"捷径",例如考试中夹带小抄、利用现代科学技术进行作弊、东张西望地偷看他人答案等,这些行为不仅不利于教师对小学生进行评价,更容易滋生小学生的坏思想,养成不劳而获的坏习惯,与育人的本质背道而驰。

二、学业评价应当突出反映育人效果

教师就是教书育人的主体。对小学生的学业进行评价,其实就是对教师育人效果的反馈。

小学生正处于人生的懵懂阶段,极易受外界的影响,对小学生进行学业评价时更应重视其品德方面的教育。例如学业评价中仍以智育得分为主要依据时,小学生为了取得高分会采取作弊等不良行为,这就需要加强对小学生的品德教育。又例如,不少小学生在体育、艺术、劳动等方面突出,但又

迫于学习的需要不得不放弃时,教师作为育人的引导者,就应从家庭、学校、社会等环境入手,为小学生提供良好的学习环境,打破分数至上的传统教育理念,鼓励小学生进行全面、均衡发展。

三、学业评价应当体现公平发展

从教育活动过程来看,公平可分为教育起点公平、过程公平和结果公平。在小学语文学业评价中的公平发展理念,主要是指过程公平,即"关注过程"的公平。其中的"过程"是相对于"结果"而言的。过程性评价是通过系统的资料搜集和分析整理,对学习的动机效果、过程以及与学习密切相关的非智力因素进行全面的评价。它主张面向未来,面向评价对象的发展而评价;强调对评价对象人格的尊重;强调以人为本的发展思想;尊重评价的多元性、差异性;强调评价的多角度、评价方式的多样化。

《义务教育课程方案(2022 年版)》在改进教育评价中指出:"创新评价方式方法。注重对学习过程的观察、记录与分析,倡导基于证据的评价。关注小学生真实发生的进步,积极探索增值评价。加强对话交流,增强评价双方自我总结、反思、改进的意识和能力,倡导协商式评价。注重动手操作、作品展示、口头报告等多种方式的综合运用,关注典型行为表现,推进表现性评价。推动考试评价与新技术的深度融合。"《义务教育课程方案(2022 年版)》强调由过分关注教学结果逐步转向对教学过程的关注。关注结果的终结性评价是面向过去的评价,关注过程的评价是面向未来的评价,重在发展。而进行过程性评价的方法有许多:小学生成长记录袋评价法、延缓评价(当小学生不满意成绩时可给予小学生更多的评价机会,直至小学生达到自己满意时采用)、分层评价(将小学生进行层次划分,在不同层次中对不同小学生进行评价)等。

四、学业评价应当促进学思结合、知行统一

学习是个过程,具有延时性,学业评价应当体现学习过程对思维发展的

牵引作用,并指导小学生将所学运用到实践和行动中去。《义务教育语文课程标准(2022年版)》指出:"语文课程是一门学习国家通用语言文字运用的综合性、实践性课程。"那么在对小学生进行学业评价时,就更应该注重小学生对语文的思考和实践。语文的实践是在生活中随处可见的,因为语文是一门语言学科,我们平常的对话、写字等都是对语文的实践。当语文习作中要求写一篇科学实验小作文时,小学生不仅需要动手操作,更要思考如何把实践转化成语言文字。小学生在实践中体验,在实践中感悟,在实践中创造,将学思结合,自然就形成了语文素养。

第四节　深化新时代教育评价改革与小学生学业评价

中共中央、国务院印发的《深化新时代教育评价改革总体方案》中提出:"改进中小学校评价。义务教育学校重点评价促进小学生全面发展、保障小学生平等权益、引领教师专业发展、提升教育教学水平、营造和谐育人环境、建设现代学校制度以及学业负担、社会满意度等情况。国家制定义务教育学校办学质量评价标准,完善义务教育质量监测制度,加强监测结果运用,促进义务教育优质均衡发展。"此外,《深化新时代教育评价改革总体方案》还指出,"改革小学生评价,促进德智体美劳全面发展",并从"树立科学成才观念""完善德育评价""强化体育评价""改进美育评价""加强劳动教育评价""严格学业标准"方面对学业评价进行要求,与义务教育中培养德智体美劳全面发展人才的需求遥相对应。

一、完善德育评价

新时代教育评价中,需要小学教师根据小学生不同阶段身心特点,科学设计各级各类教育德育目标要求,引导小学生养成良好思想道德、心理素质和行为习惯,传承红色基因,增强"四个自信",立志听党话、跟党走,立志扎根人民、奉献国家。"国无德不兴,人无德不立。育人之本,在于立德铸魂。"小学阶段正是小学生启蒙的关键期,从年少时便树立对祖国的热爱、对中国共产党的敬仰,有利于引导小学生树立正确的价值观、人生观。一个从小学习红色历史、接受红色教育的小学生会受到革命的熏陶,更易养成良好的思想道德、强大的心理素质和优良的行为习惯。

小学生学业评价不应仅限于教师对小学生的评价,家长、社区也是小学生成长不可或缺的一部分,对小学生进行多主体多元化的评价才更有利于小学生的成长和发展。新时代教育评价少不了信息化技术的身影,教师可以通过信息化等手段,探索小学生、家长、教师以及社区等参与小学生评价的有效方式,客观记录小学生的日常表现和突出表现,特别是践行社会主义核心价值观的情况,收集整理,可以将其作为小学生综合素质评价的重要内容,也可以充分展现小学生的成长轨迹,成为小学生成长和发展的重要内容。

二、强化体育评价

体育不仅是一种身体运动,更是一种教育手段,它肩负着塑造人的健康体魄,增强全民族身体素质,培养人的健全心理,促进人的全面发展的社会责任。一个人要想做成一件事,必须具有多方面的素质,要勇往直前、意志坚强,要有胆有识、有勇有谋,但所有这些都必须依托于一个前提条件——要有健康的体魄。我国的教育一直注重锻炼小学生强健的体魄,在升学压力较小的小学阶段,除每天的早操、课间操,以及每周 2 至 3 节的体育课外,还会安排体育竞赛、校运会等,目的是引导小学生养成良好的锻炼习惯和健康的生活方式,锤炼坚强意志,培养合作精神。

三、改进美育评价

小学生学业评价中还包括学习音乐、美术、书法等艺术类课程以及参与学校组织的艺术实践活动情况。此外,小学教育中还应该促进小学生形成艺术爱好、增强艺术素养,全面提升小学生感受美、表现美、鉴赏美、创造美的能力。人们普遍认为,农村小学教学环境、教育设备、教师素质等资源受限,农村小学缺少开展美育教学的条件。其实不然,近年来,农村小学重视美育教学,经常举办手工展、艺术展等活动,培养小学生感受美、创造美的能力,鼓励小学生积极表现,善于发现身边的美。

对小学生的美育评价应如何进行?一方面,学校加强教育力度,制定美育课程,将艺术课程与艺术实践纳入小学生培养方案中,实行课程管理;另一方面,小学生可根据自己的喜好选择每一个学期的艺术课程,并根据教师的评价要求进行艺术创作,通过考核后方能毕业。

四、加强劳动教育评价

劳动教育是中国特色社会主义教育制度的重要内容,是立德树人为本教育体系的重要组成部分。2022年4月,教育部印发《义务教育劳动课程标准(2022年版)》,强化了劳动教育这门课程。

《义务教育劳动课程标准(2022年版)》中指出:"明确不同学段、不同年级劳动教育的目标要求,引导小学生崇尚劳动、尊重劳动。"劳动教育是近年来的教育热点话题。不少小学已经将劳动教育列入培养方案并开展得如火如荼。广西各市的农业综合体成为学校的"校园农场"。玉林市的中农富玉中小学生劳动教育实践基地、桂林市的喜耕园家庭农场、北海市的赤西田园研学基地等,为城里的小学生提供了广阔的劳动场所。位于南宁市邕江之畔规划面积70平方千米的美丽南方田园综合体已挂牌为南宁多家中小学校的劳动教育实践基地。小学生们在劳动中学习课本上不曾有的农业知识,深刻理解语文课本中"清明前后,种瓜点豆"的农谚和数学课本中的"植树问题",真正地将理论应用于实际。

劳动教育的评价需要学校探索建立劳动清单制度,明确小学生参加劳动的具体内容和要求,让小学生在实践中养成劳动习惯,学会劳动、学会勤俭。此外,更应该加强劳动教育的过程性评价,将参与劳动教育课程学习和实践情况纳入小学生综合素质档案,让家长、教师一起对小学生的劳动教育进行评价。

第二章

小学生学业述评的基本问题

第一节　概念界定

一、小学生的定义

从广义看,小学生指的是在小学或初等程度教育机构学习的人,包括三层内涵:一是处于义务教育阶段的小学生,二是处于儿童阶段的小学生,三是在五年制小学或者六年制小学就读的小学生。

从狭义看,小学生是指在公立和私立初级学校里专门学习的人员。从不同的角度定义,有不同的含义。从身份角度,包括正规生、插班生、旁听生;从水平角度,包括学习困难生、学习中等生、学习优秀生;从学段角度,包括低段生(一二年级小学生)、中段生(三四年级小学生)、高段生(五六年级小学生);从性质角度,包括正常生、留级生、随班就读生;从入学方式角度,包括录取生、转学生、调剂生。

《义务教育课程方案和课程标准(2022年版)》对小学生的培养要求有了新的变化,要求小学生发展核心素养,具有正确价值观、必备品格和关键能力,这也引起了小学生性质的变化。新时代教育背景下,小学生指的是在小学阶段学习科学文化知识、修习品德修养、关注社会发展、具有实践能力的儿童,没有身份、水平、学段、性质、入学方式的差异。

二、学业的定义

学业有三种定义,一是学问,学问是指知识;二是学术,学术是指系统专门的学问,也是学习知识的一种,泛指高等教育和研究,是对存在物及其规律的学科化;三是学习的课业,学习的课业是指学业规划,即为了提高求学者的人生职业发展效率,而对与之相关的学业所进行的筹划和安排。

本书认为,小学生的学业是指小学生以发展核心素养为指导,以时代新人培养目标为要求,学习结构优化的课程内容和其他内容,包括学习态度、核心素养、习惯方法等。

三、述评的定义

在新闻领域,述评指"叙述"和"评论",是一种以夹叙夹议、边叙边评的方式,反映社会热点或国内外重大事件或问题的新闻体裁,是以事实为基础的评论。

在研究领域,"述评"是在"叙述"的基础上,针对某一学科科研课题和科研项目等专题,全面收集国内外的有关文献,经过加工整理、分析综合,然后根据国家科研政策和学科理论,进行叙述和评论的一种研究报告。

一般而言,"述评"就是指评论者针对某项事情或现象,采用叙评议相结合的方式进行综合评价,为掌握事物发展方向、制定规划提供参考,促进知识的更新和研究的创新。

四、学业述评的相关概述

中共中央、国务院印发的《深化新时代教育评价改革总体方案》(以下简称《方案》)中明确提出"探索建立中小学教师教学述评制度,任课教师每学期须对每个小学生进行学业述评,述评情况纳入教师考核内容"。① 这是中央文件首次提出"学业述评",目的在于充分发挥评价育人功能。

从教育学上看,学业述评是教师在与小学生充分沟通与协商的基础上,对小学生的学习态度、核心素养、习惯方法等,按照相应的维度进行质量描述,并给出质性评价结果和学习建议的一种质性评价方式。②

现实教学实践中的一些传统量化评价方式过于模板化、僵硬化,没有考虑到小学生的主观能动性,不仅没有得到小学生的认可,而且引起小学生的抵触和反感,未能起到评价的激励作用。不同于传统评价方式的学业述评,以促进小学生学业发展为导向,借鉴融合协商式评价的基本理念来开展述评,有助于发挥评价的诊断、激励、调节作用,获得师生双方的共同认可。协商式评价以第四代评价理论为基础,以实现小学生发展愿景为目标,以目标性文件、实践性要求为评价依托,在师生平等、坦诚、充分协商的基础上而建构的一种师生彼此认同、共同参与的评价方式。这种评价方式以"五维"为导向,从目标、内容、方式、主体和结果五个维度与小学生全面系统协商,为小学生接受评价、认同评价提供支持,进而促进小学生深刻认识学习中的进步和不足,帮助小学生改进学习方式,促进素养提升。

在实践操作体系中,学业述评需要通过教师细致观察小学生在学习中的表现,结合小学生学习感受来评价学习情况,从实质来看,学业述评是一种建立在对小学生进行深度了解和分析基础上的学业评价方式。学业述评有多种形式和划分方式。以学科为依据,可划分为"小学语文学业述评""小学数学学业述评""小学英语学业述评""小学综合课程学业述评"等;以学段为依据,可划分为"小学低段学业述评""小学中段学业述评""小学高段

---

① 刘志军,张红霞.普通高中学生综合素质评价:现状、问题与展望[J].课程·教材·教法,2013,33(01):18-23.

② 薛琪,张新平.对教师撰写学生学业述评的认识与建议[J].中小学管理,2022(02):54-56.

学业述评";以年级为依据,可划分为"小学一年级学业述评""小学二年级学业述评""小学三年级学业述评"等。本书主要以学科为划分依据,在深化新时代教育评价改革理念指导下,探讨小学学科学业述评的发展方向。

第二节 研究现状

根据选题,选取具有代表性的文献进行梳理,相关研究主要集中于学业述评的理论、学业述评发展阶段、学业述评策略的研究三个方面。

一、有关学业述评理论的研究

关于学业述评的理论具有多样性,既有文献中曾提出的有关学业述评的理论,包括中国古代儒家个性化学习理论、马克思主义的关于人的自由全面发展理论、多元述评主体理论、多元智能理论、发展性述评理论、建构主义学习理论、人本主义教育理论、个性化学习理论、层次分析法(AHP)理论、CIPP 教育述评模型理论、比格斯的 SOLO 学习质量述评理论、一致性研究理论、布鲁姆的教育目标分类学以及 PISA、TIMSS 关于学科学习述评的研究理论等。[①] 这些理论强调"以人为本",追求人的个性、潜能发展,述评要尊重人、培育人、发展人、承认人的价值,个体既需要自我发展,同时也要发展自我,其方法是启迪和唤醒。[②]

---

① Wiggins,GP. Assessing Student Performance [M]. San Francisco:Jossey-Bass Inc, Publishers,1993:26.

② 王建有,王卓月,邢利敏.人本主义教育观再探讨[J].中国冶金教育,2019(06):82-84.

二、有关学业述评发展阶段的研究

国外学业述评发展阶段的研究是以美国学者斯塔弗尔比姆为代表,将学业述评发展分为七个时期:变革时期、效率与测验时期、泰勒时期、萌芽时期、发展时期、专业化时期、扩展与整合时期。另外,以美国学者古巴和林肯为代表,将学业述评划分为四代:测量时代、描述时代、判断时代、建构时代。[①]

我国关于学业述评的文献可划分为停滞、重建、起步、成型与发展五个阶段。主要代表人物有陈玉琨、陈瑞生、吴钢等。前期,我国的学业述评理论基础多从国外引进,国内有现代意义的学业述评研究实践始于 20 世纪 80 年代。改革开放 40 多年来,我国尚缺乏基于过程监测的学业述评。1999 年出台的《中共中央国务院关于深化教育改革全面推进素质教育的决定》中提出"深化教育改革,全面推进素质教育"。2001 年教育部印发的《基础教育课程改革纲要(试行)》提出要"建立推动学生全面发展的评价体系"。

三、有关学业述评策略的研究

(一)按不同科目开展的策略研究

既有文献中,关于学业述评策略的研究立足于不同学科,包括语文、数学、物理、英语、化学、音乐、体育等。由于各学科的学习内容、难度有所不同,所需要采取的学业述评策略也有所区别,因此在文献中,不仅界定了科目,也定义了学段,如小学、初中、高中或大学等。[②] 本综述主要聚焦于小学阶段。

---

① 刘晓庆.大规模学业评价研究[D].华中师范大学,2013:11.
② 何咏燕.提升小学生"阅读力"的评价策略初探[J].教育导刊,2009:53-55.

（二）按策略类型开展的研究

当不限制学业述评研究的理论基础时，相关文献提及的代表性策略成果有：①过程性学业述评策略，是关注小学生学习过程的一种述评方法，具有多元化、即时性、生成性；②发展性学业述评策略，彰显人文精神与人文情怀，关注人的发展，凸显被述评者主体性、述评内容综合化、参照标准多元化、体现过程性；③多维性学业述评策略，从价值理解程度、知识掌握程度、技能掌握程度、思想方法的建构程度、情感态度等方面进行系列评价；④表现性学业述评策略，了解小学生对知识的习得状态，通过小学生完成任务的构成，了解小学生的思维能力、解决问题的能力、情感方面的能力。①

（三）按述评内容开展的策略研究

这种学业述评策略研究出现的概率并没有前两者出现的概率大，但其研究也占据文献成果的一部分。该类研究立足于某特殊的领域，如小学生的阅读能力、写作能力、计算能力等，这些述评内容所对应的学业述评策略不尽相同，所以其出现是有必要的，是学业述评策略研究的维度之一。

（四）以个别案例开展的策略研究

部分文献成果来源于根据个别案例开展的学业述评策略研究，该研究常将有代表性的样本规定作为研究对象，作为确定合理研究范围、增强研究可行性的手段。如，小学高年级学业质量评价策略研究——以大连市×区七所小学为例。同时，该类研究成果也可常用来转化为文献成果，有利于发现一些问题，推动述评对象的评价质量发展。

（五）综合性的策略研究

该类研究表现为不拘泥于任何一种固定研究类别，它具有灵活性和多

---

① 杨庆余.新课程背景下小学数学学业评价策略变革[J].教育科学研究,2008（06）:24-27.

样性,可根据研究需要自主选择研究对象、研究方法等。这种文献成果的适用范围稍广,但针对性不强。

四、对既有研究的评析

学业述评研究是一项历史性的重大课题。综合国内外学者的研究成果可知,当前在广域的小学生学业述评研究方面已取得了很大的成就,但也存在不足。首先,小学生在学业述评中的主体地位不够突出,儿童视角有待加强。其次,对述评对象的发展需要缺乏关注,未来要做到以人为本,重视完整的人的教育。最后,学业述评与未来教育理念、思想等结合度有待加强,以体现教育的发展趋势。

我国教育的理论基础丰富多样,其中儿童本位、未来主义、人本主义在我国的发展已经有很长的历史。这些理论与学业述评结合,重视人性弘扬,未来将有更广阔的发展前景。此外,学业述评相较于学业评价,它有更强的针对性和更高的灵活性。因此,在前述理论视域下研究小学生学业述评,一定能碰撞出更有价值的学术火花。

第三节　小学生学业述评与学业评价的联系与区别

一、小学生学业述评与学业评价的联系

(一)学业述评与学业评价紧密联系,不可分割

学业述评是新时代教育评价改革的产物,相较于学业评价而言,增加了"述"的概念和内容。从所属内容来看,二者既有重叠的部分,又有各自的外延,是一种分岔生长模式,学业评价为主干,学业述评为横阔的新枝;从发展目标来看,二者都以促进小学生学业发展为圭臬,具有激励、导向、调节的作

用,紧密联系,不可分割。

（二）学业述评是学业评价的方式之一

学业评价是指以国家的教育教学目标为依据,运用恰当的、有效的工具和途径,系统地收集小学生在各门学科教学和自学的影响下认知行为上的变化信息和证据,并对小学生的知识和能力水平进行价值判断的过程。而学业述评属于学业评价,一方面强调评价对学科教师教学的激励作用、诊断作用和促进作用;另一方面弱化评价的选拔与甄别功能,重视评价育人的作用,注重小学生德智体美劳全面发展,培养全人。二者的关系,可以从成绩呈现方式这个视角来解释,学业述评和其他成绩呈现方式并存,在一定程度上可以说是评语的广泛化、规范化、科学化。

（三）学业述评是学业评价的改革、创新与重构

(1)学业述评是新时代学业评价改革的新方向,是评价发展不可抵抗的新趋势。学业述评通过文字的记录描述,来呈现一个人的学习过程和结果,体现人的发展价值,并激励人更快地发展,适应了新时代促进小学生全面发展的理念;小学生学业述评是一种建立在科学基础之上、符合新时代要求、有效改进评价标准的开放式评价方式,是从外延型评价转向内涵型评价的内涵丰富的评价。

(2)学业述评是学业评价在内容、理念、视角上的创新。学业述评克服了评价具有选拔和甄别的因素,降低了评价在小学生成长发展中的局限作用,立足于把单一、狭隘、片面的评价转向多元、综合、全面发展的评价;学业述评基于"五育并举"和"全人培养"理念,把小学生从僵硬的学业框架中拯救出来,多方面发展个人潜力和才能,促进培养有创造思维和创新精神的人;学业述评以宽阔的视角来看小学生的培养路径,不同于传统的学业成绩论高下的评价方式,而是采用综合评价的方式实现班级整体化授课制度下个人的个性发展。

（3）学业述评是学业评价的重新构建，促进学业评价更新迭代。学业述评顺应新时代教育发展趋势，是评价育人理念的产物。以学业述评为突破点进行学业评价的逐级变革是时代教育评价潮流。在学业述评发展完善的过程中，对学业评价的思考与建议也愈发多样，促进其向前发展，不断吸收新时代教育理念，丰富并更新自身评价体系，拓宽并补充评价的育人功效和育才策略。

二、小学生学业述评与学业评价的区别

（一）学业述评立足于小学生本身，而学业评价是以外界评价为标准促使小学生趋同的准则

（1）学业述评以小学生的个人发展为目的，类似于"生本—多元"小学生学业评价模式，该模式的建构首先强调"以学生为本"的价值理念，是一种以小学生为本位的多元化学业评价体系。学业述评受人本主义、未来主义、发展主义理念影响，从全人教育的视角评价学习者整个人的成长历程，发展人性；注重在综合评价中启发学习者的经验和创造潜能，引导其结合认知和经验，肯定自我，进而实现自我。

（2）在以教师、教材和课堂教学为中心的传统教学理念中，强调知识的填鸭式灌输，忽视小学生能力培养和个性全面发展，如今，随着传统教学理念向现代教学理念的转变，学业评价也有了较大突破，不过其发展速度却与教学理念的发展速度脱轨，进入半传统学业评价期。以分数制为突出代表的学业评价，往往在教育过程结束时对教育对象进行资格认定（或检测），这种认定（或检测）往往只有目标评价而无过程评价，只有选拔功能而无发展性功能，小学生在外界评价中养成"成绩至上"的错误观念，思维也变成"固定模板"，趋同性不断增强。

（二）学业述评的核心是育人，而学业评价更倾向于发挥甄别选拔的功能

（1）学业述评的本质与核心是育人。①发挥导向作用，让小学生在学业

完成中经历价值反思,进行价值澄清,接受价值引领,解开价值困惑,培育基本的正确价值观,从而使学习与生活充满意义;②发挥调节作用,学业述评不是为了给小学生贴一个好或差的标签,不是一方对另一方的说教,而是师生、生生之间的一场生命相遇,是一次敞开心扉的心灵对话,教师要时刻关注小学生情况,了解学习状况,及时调整教学方法;③发挥激励作用,学业述评不仅仅是面向过去,更是引领小学生面向未来,其全部意义在于促进人的不断发展,不是传统教育方式中的操行评定,不是一次性的结论表述,而是贯穿学习全过程的激励与引领。在某种意义上讲,学业述评属于过程性评价,也是增值性评价,更是综合性评价中的一种方式,学业述评的应用价值在于关注小学生的当下表现与未来期许,对小学生进行点点滴滴的指导,尤其关注小学生的学习作品。关注他们每一时刻取得的成果,通过述评做出及时性的反馈与指导。

(2)学业评价更倾向于发挥甄别选拔的功能。从评价的功能来看,小学生评价主要有三种:侧重于选拔淘汰的选拔性评价、侧重于鉴定水平的水平性评价和侧重于促进发展的发展性评价。而我国传统小学生评价历来比较重视的是选拔性评价。传统小学生评价有这样一个基本的假设,即在一个群体中只有极个别的个体是优秀者,大多数人都只能达到中等水平,而评价的主要目的就是要把这少数的优异者选拔出来,为此,传统的小学生评价比较强调评价的甄别、选拔功能,热衷于排名次,比高低。在这样的评价过程中,只有少数所谓"优秀者"能够体验成功的快乐,获得鼓励,而与这少数的"优秀者"相比,大多数小学生则成了失败者。

(三)学业述评是综合性评价,学业评价局限于学业成绩评价,较为单一

(1)小学生学业述评是一种建立在科学评价之上、符合新时代要求、有效改进评价标准的开放式综合评价方式,是从外延型评价转向内涵型评价的内涵丰富的评价;是从单一、狭隘、片面的评价转向多元、综合、全面发展的评价,是结果评价、过程评价、增值评价、综合评价的集成协同和互补,在以上四种评价中,过程评价居于核心地位。在对每个小学生进行学业述评时,应当完善德育评价、强化体育评价、改进美育评价、加强劳动教育评价、严格学业标准。以破"五唯"为导向,落实"五育"并举。淡化应试性评价,增加激励性评价;慎用终结性评价,多用发展性评价;谨防单一性评价,多用多元性评价;突出评价的育人性,服务于立德树人的根本任务。学业述评方式分为小学生各年级学习情况全过程纵向评价,德智体美劳全要素横向评价(全面、客观、科学、立体的评价);贯穿小学生学习的全过程、全时空、全要素。突出小学生思想品德、身心健康、能力素质等重要因素,小学生学业述评,是教师针对小学生德智体美劳全要素、全过程的综合评价。

(2)小学生的学业评价,则具有很明显的"唯分数"的现象,"学业"简单地指小学生的学科成绩,而不是小学生在学校教育生活中各方面的表现。对小学生的学业评价一般局限于测验和考试的分数或在课堂上正确与不正确等简单判断式的口头表达,而不能根据小学生的年龄特点、教学内容特点和教学组织形式的多样性,进行与之相适应的评价。如将考试分数与言语描述相结合、定量测试与定性测试相结合、建立小学生学习记录档案等;评价主体比较单一。学业评价大多局限于教师对小学生的评价,很少有小学生对小学生、小学生对教师、小学生自我、教师自我的评价。不论是评价的主体还是评价的客体都显得单一与不足。教学本来是教师与小学生双主体的多边活动,教学活动的开展要以教师和小学生共同活动为表现形式。但受传统教育思想的影响,教师对小学生的学业评价往往局限于小学生对知识的理解与把握情况,缺少小学生自己的反思环节,更缺少小学生之间真正的讨论与交流。客观来讲,教师既没有给自己留评价小学生、评价自我的时间,也没有给小学生留评价教师、小学生相互评价和自我评价的时间;评价内容较为片面,教师对小学生的学业评价通常局限在知识层面上,即使涉及培养能力,也被一些教师理解为解题能力的培养,实质仍为知识的范畴。学习过程中的过程与方法、情感态度与价值观等方面的目标很少顾及。这充分表现出了小学生学业评价的片面性。

第四节　小学生学业述评与其他学业成绩
呈现方式的关系

一、传统学业成绩呈现方式

(一)百分制

采用满分 100 分来记录评定小学生成绩,是我国学校普遍使用的评分方式。它始于西方教育测量运动,将事物的质量分为 100 个分数线,以 100 个分数编织成量表,用来测量事物达到的分数线,百分制可以对教育过程及其结果做定量描述,具有分值划分细致、区分度高、可比性强等特点。

1. 百分制的优势

(1)高区分度。百分制将分值划分为 100 个区间,在成绩评估时具有高区分度,每个小学生的分数都能在区间上找到对应的位置,谁的分高、谁的分低、谁排位靠前、谁排位靠后都一目了然,因此百分制常用于招生和选拔。此外,利用成绩正态分布曲线可以选拔达到某分数线的人数,或者根据需要选拔的人数划定分数线。

(2)精确性。百分制有上百个分数级差,可以精确描述某些学科的成绩,反映小学生学习成绩的细微差别。教师根据各知识点的难易和重要性,在考题中赋予了不同的分数与权重,通过小学生最后得失分的情况可以了解小学生的知识掌握和应用程度,从而帮助小学生发现学习中存在的问题并及时弥补。

(3)易于统计分析。百分制采用 0~100 的数值计分,所得到的分数值易于进行教育统计,可以在教育实验中进行变量分析推断,为教育实验提供科学依据。同时,根据试题得分情况可以对试卷进行信度、效度、难度和区分度分析,帮助提高命题科学化的程度。

2.百分制的局限性

(1)现代教育评价体系除了评价小学生的认知能力外,还需对技艺、能力、品德、行为、情感、个性等非认知领域因素进行考查,而百分制难以对非认知领域的评价对象进行科学有效的考评。

(2)由于试题本身的偶然性和分数的抽象性,评分结果难以准确反映小学生学习效果的差异。小学生分数相同,并不能说明他们水平相当;同样分数的细小差距,也不能认为两人的水平有实质性差异。

(3)百分制的高区分度容易导致在教育管理上简单按照分数排队,通过分数把小学生分解为若干细小群体甚至是单一个体,容易给小学生及其家长造成极大的心理压力和精神负担。

(4)百分制过分强调分数,容易导致教师围绕分数、成绩和应试展开教学而忽略素质教育的目标,忽略小学生能力、思想品德、个性、情感等自身潜质的全面发展。

(二)等级制

将事物的差别分成若干等级,然后规定各等级应具有的属性,用以测量事物达到的等级水平。西方国家的高等院校普遍采用等级制对小学生进行评定,常见的有优、良、中、差或五级制(A、B、C、D、E)等。等级制用几个等级替代了几十、上百个分数级差,相对于百分制其最大的特点就是"模糊性"。等级计算方法为各科原始分满分为 100 分,100~90 分为 A 级,89~75 分为 B 级,74~60 分为 C 级,59 分及其以下为 D 级。单科 C 级及其以上的比例一般控制在 95% 以上(这只是案例,个别地区的规定不同)。

1.等级制的优势

(1)等级制较之百分制最突出的优点是采用几个等级差替代上百个分数级差,可以有效降低百分制的高区分度,缓解小学生的心理压力和精神负担,有助于培养小学生的健康心理和健全人格,增进小学生对群体的归属感。

(2)等级制可以有效评价非认知领域难以量化的复杂事物,可以更客观地反映事物的本质属性。在涉及非认知领域的技艺、能力、情感、行为、品德等方面的考查时,等级制具有天然优势。

(3)等级制有助于将人才培养引入素质教育的轨道,促进小学生的健康发展和可持续发展。等级的划分淡化了小学生对分数的过分追求,将小学生从"分数排队""分数竞争"的压力中解脱出来,为小学生创造更为宽松的学习环境。

(4)等级制有助于促进教师转变教育理念,改革旧的教学模式和方法。等级制有效淡化了分数效应和竞争,可以解除教师的后顾之忧,纠正以往僵硬灌输、题海战术等现象,将更多的精力和时间投入培养小学生兴趣、挖掘小学生潜力、引导小学生学习积极性和主动性中去。

2.等级制的局限性

(1)等级之间的属性没有明显的界线,评定等级时往往带有一定的主观随意性,因此等级制评分要求评价者具有丰富的教育评价经验。

(2)等级或等级数字之间只有等级序列性而没有等级的意义,不适合做四则运算,不宜进行综合分析。

(3)等级数字比百分制的分数更抽象,从获得的等级信息中更难了解实际达到目标的具体程度。等级的含义模糊,往往难以准确地判明教学效果和教学质量。采用优、良、中、差或 A、B、C、D 的等级评价往往使小学生、家长、教师产生心中无数的感觉。各个等级如何评判并没有科学的评定标准。同属一个等级的小学生,其程度往往会有较大差别。

(三)荣誉称号

荣誉是指光荣的名誉,而称号则是赋予某人或者某个单位的名称,它意味着某种意义上的一种肯定以及鼓励。小学生荣誉称号种类较多,包括常规荣誉称号和其他荣誉称号。

1.常规荣誉称号

常规荣誉称号包括三好学生称号、优秀少先队员称号、学习标兵称号、优秀学生干部称号。

(1)三好学生称号评选基本要求是思想品德品质好,在校期间未受过任何处分,无任何补考的科目,在班上作为班干部,被拟评过"优秀班干部"称号的同学;在学校尊敬老师,爱护同学,上课认真听讲,积极回答问题;成绩优异,综合成绩名列前茅的同学,学习态度端正,目的明确,热爱学习,无旷课现象。

(2)优秀少先队员称号评选基本要求是已加入少先队员的青少年,尊老爱幼,在日常学习生活中无违纪行为,有良好的文明形象;积极参加校园精神文明建设,表现突出;德、智、体综合考试名次在班上靠前。

(3)学习标兵称号评选基本要求是热爱学习,具有创新精神,积极开展和参加学习交流活动,在班级及其以上级别的知识竞赛中,其作品或成果获奖。

(4)优秀学生干部称号评选基本要求是担任学生干部,在学习工作中表现突出;成绩优良,无不合格课程,有较高的思想政治素质,成绩优良,热心承担社会工作和为同学服务,有较好的示范表率作用,工作成绩突出;德、智、体综合考评名次在班上靠前。

2.其他荣誉称号

其他荣誉称号包括全勤奖、学习进步奖、劳动实践小能手、小小书法家、环保小卫士、智力之星、创造之星、艺术之星、阅读之星、英语小能手、劳动积极分子。

二、新型学业成绩呈现方式——学业述评

小学生学业述评是教师针对小学生德智体美劳全要素、全过程的综合

评价,以破"五唯"为导向,落实"五育"并举。"学业"不是简单地指小学生的学科成绩,而是小学生在学校教育生活中各方面的表现。"述评"不是以成绩、排名等冰冷的量化数字进行评价,不是单一的终结式评价,而是有温度的、鲜活的、有故事的、有情感的,能够调动小学生内驱力的多元、开放、立体、以激励和引导为主的新型学业成绩呈现方式。对小学生各年级学习情况全过程进行纵向评价,对德智体美劳全要素进行横向评价,淡化应试性评价,增加激励性评价;慎用终结性评价,多用发展性评价;谨防单一性评价,多用多元性评价;突出评价的育人性,服务于立德树人的根本任务,贯穿小学生学习的全过程、全时空、全要素,呈现学业成绩的多维度测量。

学业述评呈现成绩要遵循以下原则:一是尊重小学生人格的独立完整。每个小学生都是独立完整的个体,对他们的评价也要呈现全面客观公正,指向人全面发展的评价才能体现出对小学生的尊重;二是关注小学生日常的现实表现。客观记录小学生的日常表现和突出表现,透过日常信息的采集,加强过程性评价,充分关注人的"日常性";三是跟踪小学生的成长变化。小学生的成长是持续的动态过程,只有实施贯通小学生发展全过程的动态评价,才能准确评价小学生,关注持续发展;四是尊重小学生发展的个体差异。小学生每个个体都有差异性,每个人都是独特的,评价要坚持面向人人,把每个小学生当成立体的人,在全面评价基础上关注个体的差异,基于差异性,赋予小学生更多的人文关怀。

第五节 小学生学业述评的发展性功能

一、小学生学业述评发展性功能的内涵

(一)学业述评是评价小学生核心素养水平的有效方法,促进全人成长

小学生在学习过程中不仅仅是为了获得知识,还需要在学习态度、核心素养、习惯方法等各方面获得发展。在学业述评中,学习态度是重要的评价内容,它体现了小学生对学习的主观意愿,往往决定了学习结果的优劣,是重要的归因来源之一。核心素养水平是学业述评的核心内容,在语文中,它直接体现小学生语言建构与运用、思维发展与提升、审美鉴赏与创造、文化传承与理解能力,是反映小学生是否到达课程目标的关键指标。小学生的学习习惯和方法决定了效率的高低,在学业述评中,不仅需要评价小学生是否达到教学目标,还需要考查其达成方式是否最优,习惯是否良好,方法是否高效。因此,学业述评要引导小学生对学习过程的全面追求,对提升小学生学科学习力有重要的作用。以小学语文学科为例,文化自信、语言运用、思维能力和审美创造是小学语文学科四大核心素养,依据核心素养开展学业述评时,可分别从语言建构与运用、思维发展与提升、审美鉴赏与创造、文化传承与理解四个维度展开,通过与小学生沟通和协商,生成师生彼此认可的相关素养质性描述,并划分为三种素养水平层次。在此基础上,形成关于某小学生某领域的核心素养水平述评结果,并给出素养提升的建议。由此可见,小学学科的学业述评可依照课程标准中的"学业质量标准"来对小学生的学业进行评价,直接指向小学生的核心素养水平的提升。

(二)学业述评是明确小学生学业进阶路径的关键步骤,具有自我激励功能

小学生学业能否向更高层次进阶,取决于当前学习结果是否达到学业标准。影响小学生学业结果的因素有很多,不同的小学生有不同的原因,不同的学习阶段有不同的困惑。很多小学生都是因为对进阶路径的判断出现了偏差,导致学业进阶不顺,造成事倍功半,无法达成学业目标。因此,在小学生学习的过程中,需要教师适时对学业进行述评,及时把握小学生学习的动态、效果和存在的问题。教师通过学业述评可以准确获得小学生学习的关键过程信息、主要思维方式和素养达成水平,通过对这些信息的提炼和分析,判断出小学生学业所处的水平,帮助小学生调整和改善他们的学习状态,给予小学生详细的学习建议,明确下一阶段学习进阶的路径。

(三)学业述评是改进选拔竞争的教育生态的有力保障,促进生态多元均衡

无论是从教师角度还是从小学生的角度来看,教育的核心都是人,人的行为与其思想观念密切相关,也与其情感态度高度关联,良好的教育生态,产生潜移默化的影响,让教师的职业素养和小学生的品性修养在其内心植根。教育评价是教育发展的指挥棒,基础教育高质量发展的新阶段及新任务,构建和谐开放的良好教育生态,需要一种新的评价方式——学生学业述评,摒弃过去强调结果评价"唯分数"的现象,突出小学生思想品德、身心健康、能力素质等重要因素,满足了教育工作者需要树立科学成才观,坚持以德为先、能力为重、全面发展,坚持面向人人、因材施教、知行合一的新要求,有利于改善选拔竞争的教育生态,促进生态多元均衡发展。

(四)学业述评是促进师生彼此价值认同的重要手段,促进教育创新交流形态形成

在传统的学业评价中,教师仅仅是通过解题正确与否、考试成绩得分高

低等有限的要素对小学生进行学业评价,这必然导致评价的片面性,使得教师对小学生的学习结果、学习缺陷关注较多,对努力程度、亮点优点关注较少,缺少对小学生学习过程的认同,错误估计小学生的学习态度,甚至出现对小学生学习的偏见,给小学生贴上不合适的评价标签。在传统教学实践中,小学生并没有参加评价的过程,导致对教师的评价过程颇有微词,认为评价并没有体现自己的真实水平,甚至认为结果有失公允,这使得小学生对教师的信任度大幅降低。在学业述评中,通过教师和小学生的沟通与协商,教师能够从沟通中了解小学生学习的真实过程,小学生能够从协商中获得教师中肯的建议,彼此都增进了对评价过程的理解和结果的认同,这也为今后的学习奠定了良好的师生关系基础,促进具有教育创新性质的实施交流形态的形成。

二、小学生学业述评发展性功能的实践策略

(一)转变评价观念

小学生的学业述评,在教育教学过程中不再偏重以某一门课程评价小学生,而是全课程打通,注重德智体美劳全面发展;教师主体协同评价小学生,发掘教师、小学生、家长、社会多方合力;不唯分数评价小学生,而是全方位设计,用展演、活动、综合实践等激发小学生不同潜力;不用终结性话语评价小学生,而是全过程引导,为小学生未来成长提供精细支持;不用没有温度的方式评价小学生,而是全身心投入,用述评记录小学生的进步,评价更加注重激励和引导,因人而异,促进小学生成长。

(二)采取多样评价方法

小学生学业述评可采取综合等级评价、表现性评价、预测性评价等多种评价方式,全面、全程、多元地呈现每一名小学生每一学期学业发展。如小学生心理品质、认知能力、生涯发展、创造性思维、数理能力、人格特征,课堂

考勤与表现、历次考试分数、作业练习情况、校内校外学习和活动的成长档案等都可列入述评内容。

（三）建立小学生评价指标体系

指标是评价的基础和依据。横向建立德智体美劳全要素发展指标，纵向上需要建立小学生各年级学习发展的指标。依据不同学段，建立配套的全面发展的评价指标，实现一体设计，前后贯通，整体培养。把教育过程总体情况纳入评价范围，既能及时观察、记录小学生日常品行和突出表现，完善综合素质评价内容，又充分关注小学生成长的个体性和阶段性，关注评价的反思和调控功能，对小学生的潜质给出发展性正向评价。

（四）研发小学生智能评价技术

通过智能评价技术的开发，推动立体化评价的"人机合作"；并注重基于技术的数据采集和分析，将评价渗透到教育教学各环节，提供对教育数据的全过程采集和教育结果的适时反馈，确保评价的及时性、准确性、完整性。利用人工智能、大数据等现代信息技术，开发评价和服务的模型，提供小学生智能化评价服务。

第三章

儿童本位与小学生学业述评

第一节　儿童本位的概念及国内外
关于儿童本位的研究

一、儿童本位的概念

儿童本位,简而言之,即以儿童为中心,其他人或事务必须服务于儿童利益的理念和观点。在中国,儿童中心说也可以说成是"学生本位",是指以学生为主体,教师为主导,充分发挥学生的主动性,促进每个学生主动、健康、活泼地发展。① 教育家杜威说过:"教育最天然的根基是儿童本能,本能作为儿童学习和训练的根据。借助儿童的自动能力发扬其原有的天性,才是新教育的目的。"杜威还在《学校与社会》中论述:"教育正在发生重心转移,儿童变成了太阳,教育的各种措施围绕着这个中心旋转。"②卢梭在《爱弥儿》一书中提出"儿童是独立的个体,具备自身独立的人格和发展轨迹"。③杜威强调教育应该将儿童的发展视为第一要务,尊重儿童的经验和兴趣。④

① 孙娜.童心的回归与守望[D].浙江师范大学,2014:17.
② 董娟.基于儿童本位的课外阅读课外化研究[D].东北师范大学,2013:18.
③ 卢梭.爱弥儿[M].李平沤,译.北京:商务印书馆,1978:92.
④ 张登山.卢梭与杜威儿童观之比较研究[J].南方论刊,2016(03):24.

唐晨阳则认为,在小学阶段的儿童具有独特性和个体差异性,坚持儿童的主体地位十分重要。① 朱自强阐述,处于 6 岁至 12 岁这一年龄段的儿童身心发展具备极强的可塑性。② 综上所述,儿童本位主要强调尊重儿童的天性、本能、兴趣、自由、自主的活动、年龄特征、个别差异以及独立性的发展,承认儿童在学习中的主体地位。

二、国内外关于儿童本位的研究

(一)西方"儿童中心论"的发展

柏拉图认为,儿童缺少的理智能通过教育来补救和改善,鼓舞儿童利用学习机会锻炼理性思维。文艺复兴时期,西方推崇呵护人的天性、保护人的尊严和确保人的权利。直到 18 世纪,儿童观才又迎来了一次巨大飞跃,卢梭觉察儿童具备独立的生活,由此提出了"自然教育"。③ 由此可见,儿童教育的现代观念从文艺复习时期开始产生,随着卢梭和杜威对儿童观的不断发展及更新日趋成熟。杜威在《学校与社会》中论述:"教育正在发生重心转移,儿童变成了太阳,教育的各种措施围绕着这个中心旋转。"而现代儿童教育的中心点是儿童,始终坚持儿童本位。

(二)中国儿童本位思想的演进

"儿童本位论"自五四运动这场轰轰烈烈的思想解放运动中提出,那时的人们主体意识觉醒,开始重视儿童问题,主张运用发展的眼光看待儿童,确立了新型的儿童观。④ 这一时期,周作人先生在《儿童文学小论 中国新文学的源流》中指出,身为一名教育者,应满足儿童成长发展过程中的多样化

---

① 唐晨阳.基于儿童本位的小学语文寓言教学研究[D].湖南科技大学,2017:15.

② 朱自强.论"儿童本位"论的合理性和实践效用[J].中国海洋大学学报(社会科学版),2014(03):109-117.

③ 卢梭.爱弥儿[M].李平沤,译.北京:商务印书馆.1978:28.

④ 余璐."儿童本位论"的呼应与开拓[D].南京师范大学,2008:19.

需求,使他们的兴趣爱好和身体心灵在成人协助且不施加过多干预的情况下得到健康、积极的发展,从而享有一个幸福快乐的童年。① 20 世纪 80 年代以来,随着基础教育的不断改革和发展,儿童越来越受到人们的关注和重视,当代儿童本位这一理念应运而生。譬如,刘晓东在《论儿童本位》一文中论述了儿童本位教育思想的缘起,认为儿童教育的现代观念萌生于文艺复兴运动,在文艺复兴时期,人们对人的尊严、个性及权利意识开始觉醒,并不断讴歌,这一趋势延伸到教育学领域,后来还出现了歌颂儿童生命的思想家。在《儿童本位视角下小学语文童话教学研究》一文中,邓莉还将儿童视为文化的创造者,肯定了儿童之于文化创造的重要价值。②

第二节　传统小学生学业评价存在的弊病

小学生学业评价是教师教学工作的一个重要组成部分,是为了提高教学效率,有效促进小学生全面发展的一种积极有效的动态评价。传统学业评价固然有可取之处,但受中、高考"风向标"的影响,传统的小学生学业评价制度渐渐沦为应试教育的产物,越来越不适应时代的发展和教育的需要,其弊端日益凸显。

一、违背儿童个体差异

由于遗传基因、物理环境、教育条件等因素的差异,小学生的学习基础及能力是不一样的,按理说教育评价应符合小学生成长规律。但由于长期受应试教育的影响,我国传统的小学生学业评价在一定程度上存在违背儿

---

① 周作人.儿童文学小论 中国新文学的源流[M].北京:北京十月文艺出版社,2011:35.

② 邓莉.儿童本位视角下小学语文童话教学研究[D].杭州师范大学,2019:31.

童成长的个别差异性特点的问题,阻碍小学生个性发展的情况。①我国传统的小学生学业评价将所有小学生按照统一的标准进行评价,以确定小学生的等级,这样的评价对每一个小学生并不公平。评价标准上倚重"共性和一般趋势",严重打击小学生学习的主动性,压抑小学生个性和创造性发展。譬如,一年级某位教师给班上一位学习比较吃力的同学在学生手册评语中写道:"其他方面我不看,老师最大的期望是你的每个科目学习成绩都考到90分以上,我才认为你是最棒的。"以同样的分数要求不同层次的小学生,该教师极大打击了小学生的自信,阻碍小学生的发展。②在评价内容上只局限在学科知识层面,忽视实践能力、创新精神、情感态度与价值观等综合素质的考查,割裂了小学生学业成绩、学习表现和生活情境的关系,难以反映小学生多元的价值诉求。譬如,一位二年级班主任在班上一位学生手册评语中写道:"在本学期的学习中,你的学习成绩突出,希望下学期继续保持哦!"评语中只关注小学生成绩,忽视了小学生其他方面的发展。③小学生评价形式单一,评定小学生的发展状况时容易僵硬化和浅表化,难以体现小学生真正的个性特点。譬如,传统学业评价只有教师参与撰写评语,且只在学生手册中的一小栏中述评小学生学业情况,形式过于单调。④评价功能过分强调甄选,诊断小学生智力水平,小学生通通被置于传统评价这个"大筛子"里,筛选出智高者和智低者,而后"择智高者教育之",这些被选拔出的所谓的"智优"小学生,全部都按照统一的模式培养,大多只会学习,在其他需要个人具备特殊才能的领域难以胜任,难以实现富有个性特色的全面发展。①

二、限制儿童全面发展

传统的小学生学业评价无法实现"全面育人"的目标,没有重视儿童

---

① 吴钢.对我国中小学生综合素质评价的反思[J]现代中小学教育,2019,35(09):1-4.

全面发展,限制了小学生的发展水平。①评价内容片面化。传统学业评价主要目的和功能侧重甄别和选拔。教师对小学生的学业评价通常只局限在知识层面上,而对过程、情感、价值观等很少关注,缺乏对小学生创新精神、学习能力、良好学习习惯及态度等的重视。这种单纯地追求获取课本知识的评价观,将小学生富有生气的学习演化成了目标单一的卷面分数追捧,即使学习丧失了它原先的教育意义,又无法真实反映小学生的学习质量和水平。小学生一直处于被片面评价的状态,最终致使小学生的发展趋向畸形和偏颇。① 譬如,一位老师在六年级的学生手册评语中这样写道:"通过你的期末考试成绩,可以看出这学期你的三大主科成绩优异,你是一个擅长学习、热爱学习的孩子,你对学习的热忱和专注,为师深感欣慰。希望你百尺竿头,更进一步。"评语除了关注小学生的成绩以外,完全没有涉及过程、情感、价值观、创新精神、学习能力、学习习惯等方面内容的述评,不利于小学生全面发展。②评价主体单一性。传统学业评价只有教师参与,小学生自评、生生互评、家长参评鲜有,基本没有形成教师、家长、小学生多方合力,共同参与的评价模式,这就影响了评价结果的全面性、真实性和有效性。③评价方式和方法单调化。② 传统学业评价基于考试分数,通过强制性方式施加给小学生,常以"单一考试成绩论英雄"。这种非客观性地看待和处理考试成绩的方式,极易造成小学生间的不良竞争,严重有损小学生自尊心,对小学生的人格和心灵造成难以抚平的创伤。评价方式和方法的单调化,极其不利于小学生全方位发展,必然导致小学生的片面甚至畸形发展,大大影响小学生综合素质的提高,小学生难以健康成长。

---

① 王雪静.浅谈多种评价方式提高小学生的综合素质[J].学周刊,2016(27):255–256.

② 史定东.小学生综合素质评价的冷思考[J].辽宁教育,2015(17):67–69.

三、忽视儿童主体地位

长期以来,我国传统的学业评价体系存在应试化的倾向,导致小学生主体性正在逐渐丧失,传统小学生评价主体"错位"的现象屡见不鲜。这种"错位"主要体现在现实教育中,评价实施的主体和被评价对象往往是一种自上而下的从属关系,评价主客体分离。教师在进行学业评价时是唯一的"裁判员",而小学生很难有主动选择的权利,始终处于比较消极被动的地位。这种评价主体的"错位",忽视小学生个体的意见,否定了小学生在评价中的重要地位和作用,小学生的积极性和主观能动性受到极大的压制,他们的自尊心和自信心受到挫伤,小学生始终难以亲身体验成长的快乐,使得小学生评价容易走向偏颇。①

第三节　立足儿童本位的小学生学业述评基本原则

"儿童本位"强调尊重儿童的天性、本能、个体差异以及独立性的发展,承认儿童在学习中的主体地位。从"儿童本位"出发的小学生学业述评要实现小学生全面、自由的发展,必须站在儿童的立场上,并且以儿童为自己的出发点,坚持"以学生为本"的评价原则。它主要体现在"尊重儿童本能,满足儿童个性需求""遵循儿童天性,促进儿童全面发展""承认儿童主体,发挥儿童的主动作用"。②

---

① 方燕清.实施素质教育下小学数学学业评价的实践研究[D].上海师范大学,2016:155.

② 郭娅.运用多元智能理论构建学业评价体系:新课程背景下县级小学生综合素质评价体系初探[J].科学咨询:2010(02):64.

一、尊重儿童差异,满足儿童个性需求

儿童本位论理念下,反对压抑小学生的个性,强调学业述评要尊重儿童差异,迎合小学生个性心理,满足小学生心理需求。① 正因如此,首先,学业述评要打破传统评价重在"共性与一般趋势"的思维定式,要重视小学生各个时期形成的个性情况,述评全过程,处处能体现出对小学生个性发展的重视。其次,学业述评要求学校在课程设置上开设有层次、有梯度的课程,给予小学生充分发挥个性专长的机会。小学生在选课时,应拥有一定的选择自主权,他们可以依据自身学习能力差异自由选课,具体表现为小学生除了达到基本学业要求以外,还可以根据自己的兴趣、爱好、特长选择适合自身的课程进行学习。最后,在开展学业述评时,述评实施者应学会巧妙地运用评价语言,把握小学生的个性特点或是心理特征,给予其准确、恰当的评价,使小学生从中受到鼓舞,体验被赏识的快乐,并为每位小学生提出适合其发展的具体且有针对性的建议。

二、遵循儿童多元化的天性,促进儿童全面发展

儿童生来就有健全的本性,教育职能在于使儿童'遵循自然'发展,使其天性自然舒展而不受影响。为了适应现代社会对人发展的需求,述评体制的建立要遵循儿童多元化的天性,树立和坚持全面性观念,体现"以人为本"的价值取向,从小学生的整体出发,防止以偏概全,以多角度、多侧面地发现小学生的特点和优势,从而更深刻、更全面和多层次地衡量小学生的发展情况。因此,唯有全面述评才能利于小学生健康全面的发展,符合小学生的长远利益,有利于小学生可持续发展,发挥述评促进小学生发展的功能。譬如,新的述评体系中,要涉猎小学生更多的发展方面和发展情况,力争更加

---

① 余璐.“儿童本位论”的呼应与开拓[D].南京师范大学,2008:78.

全面地揭示小学生的成长情况,着重考虑培养目标和述评内容的多元性,以适应人才发展的多样化要求。

三、承认儿童主体,发挥儿童主动作用

杜威在《学校与社会》中主张,"儿童是中心,学校必须围绕这个中心转"。立足儿童本位的小学生学业述评是教育改革的新产物,它秉承"学生占据主体地位"的评价导向,切实发挥学业述评的反馈、调节功能。紧密结合儿童本位开展的小学生学业述评,需承认儿童主体地位,有效激发小学生的主观能动性,充分调动小学生在述评中的生机与活力,发挥小学生能动作用,改变以往小学生单纯被动接受评判的状况。一方面,我国倡导小学生积极参与述评资料的收集过程,应更多地将述评活动及述评过程看作是为小学生创造了一个自我展示的"平台",鼓舞和激励小学生充分展现自己的努力和成就,充分体现每一个人的优势。另一方面,提倡小学生更多地参与到述评标准和内容的制定中。通过倡导小学生主动参与述评活动,可以促进小学生学会自我评价与反思,学会自我发现、自我欣赏,增强自信,正确认识自我,调整自我,实现自我教育,从而有效促进小学生和谐主动的发展。

第四节　儿童本位对小学生学业述评的启示

儿童本位视野下的小学生学业述评既不是以成绩等冷酷无情的量化数据开展的评价,也不是单一的终结性评价,而是鲜活的、温暖的可以点燃孩子心灵火种的立体、多元、开放的发展性评价,这样的评价才能真正成为促进小学生个体生命发展的原动力。教师如何做到眼里有小学生,如何让小学生都能感受到"被尊重"的滋味,如何让小学生收获专属个人的"小欢喜",从而在教育中满怀期待地成长,分析某小学不同年级段的60本学生手册中

的评语可知,这一切都需从述评体系整体着手,分别从述评目的、标准、内容、过程、实施具体手段等方面一一落实。①

一、关注儿童独特性,量身确立述评标准

述评标准是检验义务教育阶段各年级学生是否达到学业目标的重要依据,为教师提供了学业述评的明确依据和具体指导,有利于推进评价更加科学有效。教育的一切是为了小学生的终身发展,儿童本位论反对教育教学中采取的"一刀切",即对所有小学生都采用相同的教育方式。因此,开展学业述评应以小学生为根本出发点进行述评,树立儿童本位意识,站在小学生立场来思考问题,重视小学生个体之间的差异,尊重小学生身心发展的个别差异性,即尊重小学生认知、性格,为小学生制定与之匹配的清晰、具体、可操作性的标准。②

(一)尊重小学生认知差距

尊重小学生的认知差距是制定述评标准的前提。柏拉图曾说:"没有两个人的生活是完全一样的,人人皆有自己的自然天赋。"访谈记录中林老师说道:"由于小学生先天遗传不同,家庭环境各异,知识经验不同,认知风格不一样,其认知水平也存在差距,教师要尊重小学生的认知差距。"小学生认知差距最为明显体现在对知识建构、理解、运用的方式和水平不一致。通过对实际课堂的深入调查可以发现,小学生之间的认知差异主要包括认知速度、认知视角、认知偏差、认知风格、认知潜能五个要素的差异化。作为教师,首先需承认小学生认知水平存在差异这个显然的事实,客观地承认小学生的认知差异,友善地对待差异,合理地利用差异。其次,教师需深入了解

---

① 田友谊,邱月.学业评价观的变革:反思与构建[J].教育测量与评价(理论版),2011(05):5.

② 徐岩,丁朝蓬.建立学业评价标准促进课程教学改革[J].课程.教材.教法,2009,29(12):7.

班级小学生的总体认知偏向和个体认知偏向,针对不同水平的小学生精心制定与之匹配的述评标准,以满足不同认知水平小学生的需求,让不同认知水平的小学生都有挖掘自身潜能的机会,促进不同层次认知水平的小学生全面发展。唯有如此,才能使得教育教学更具针对性,更能观照到每一位小学生的发展,尽可能地给小学生个性发展留下足够空间,使每一个小学生在其原有水平上有所进步,有利于每个小学生的健康发展,才是真正的"以学生为本"。

(二)理解小学生情感差异

制定述评标准需要理解小学生的情感差异。人非草木,孰能无情。"情感"指人的喜、怒、哀、乐等心理表现。"情感"可以理解为人对客观事物的一种反应形式,是人对世间万事万物的态度,是认识的催化剂,能影响和激励人的认识活动,丰富人的认识内容。由于小学生正处于身心不断完善发展的阶段,所以在关注差异的同时也要注意小学生的情感。访谈记录中黄老师表示,"与成人相比,小学生的情感是最不稳定的。情感在他们心中不可或缺,教育要呵护小学生的内心情感,关注小学生生命的状态,教师要善于拨动小学生情感的琴弦"。差异性述评要根据小学生个体的情感差异,为每个小学生制定适合其发展的述评标准,因材施教、"对症下药",使小学生在情感方面发挥自己的特长。作为一名教师,首先,在日常教学中要有敏锐的观察能力,要善于观察、善于发现小学生的情感波动,要了解小学生的喜怒哀乐,了解他们的心态,掌握他们的动态。其次,根据小学生的情感差异制定不同的述评标准,为小学生提供具体的指导,从而使得自己的教学方法适应小学生不同的需求,进而使小学生得到良好的发展,充分展现他们的聪明才智。理解小学生的情感,发展小学生的个性,是小学生主体发展的内在需要,也是教育工作者所追求的理想境界。

(三)顺应小学生个性差别

制定述评标准关键在于顺应小学生的个性差别。所谓"个性"指一个人的人格或者性格,"学生的个性差异"指学生之间稳定的、在特征上的差别。艾森克将人的个性心理主要划分为四大类:多血质、抑郁质、胆汁质、黏液质。鉴于此,教师不能用同一把"尺子"去衡量所有的小学生,学业述评要因"性"施教,顺应每个小学生的特性,要有明显的区分度,制定不同起点的述评标准来评价小学生。首先,教师依据四大类性格特点制定不同的评价标准;其次,小学生根据自己的性格,自主选择述评标准与目标;最后,教师基于小学生个人意向对每位小学生自己选择的标准逐一分析,如若存在分歧,与小学生交流协商后进行微调,以确保小学生选择的标准切合实际。这样的述评不仅能成为矫正小学生学习知识的有效手段,而且成为激励各年级段小学生不甘落后、积极向上、努力奋斗的催化剂。

二、重视儿童发展性,合理制定述评内容

发展性原则是小学生学业评价最重要、最基本的原则。述评内容的制定应坚持评价以促进小学生发展为目的,多用发展的眼光看待他们,合情合理地制定述评内容。

(一)着眼于小学生综合素质

制定述评内容要着眼于小学生综合素质,实现小学生全面发展。针对传统学业评价在内容上重视结果、轻视过程,注重学业成绩、忽视综合素质的情况,小学生学业述评应做到知、情、意、行等综合评价。一方面,既重视小学生的现实表现,又关注全体小学生的未来发展;另一方面,既关注小学生的认知水平,又要重视小学生能力、态度、情感、创新精神和实践能力等综合要素。譬如,四年级的冯老师在一位小学生的学生手册评语中写道:"李同学在校表现良好。在学习上,各科成绩优异,名列前茅,学习态度认真踏实;在思想品德上,积极进取,热爱祖国,诚实守纪;在其他方面,拥有较强的创新精神和实践能力。希望你继续保持,争取更大进步!"由此,通过多方位、多角度的学业述评能真实反映小学生学业水平,使评价信度增强,才能

确保在全面了解小学生的基础上给予有效的指导。

(二)赋予小学生积极期待

制定述评内容要针对每位小学生形成积极期待,相信小学生都具有无限的发展潜力,促使他们迸发惊人的力量。首先,教师坚持适度原则,基于小学生已有发展水平对小学生提出合理的发展目标。其次,教师对小学生形成合理的发展期望,这种期望切忌高不可攀,背离小学生发展实际,但也不能停留于小学生已有发展水平,适当高于现有发展水平最为适宜,小学生稍微"跳一跳",就能"摘到桃"。最后,教师激励小学生朝着期望的目标而不懈努力,小学生只有在教师的期待和激励中获得信心和力量,才能促使自身积极主动地向着教师所预见的更高目标发展。譬如,五年级某班班主任给他们班上一位女学生的学生手册评语中写道:"你聪明活泼,本学期在课堂上你能做到认真听讲,课下基本按时完成作业。但有时对自己的要求还不够严格,有些懒散。老师希望你能端正态度,取得更大的进步!"

(三)给予弱势小学生特殊关爱

述评内容的制定需关注弱势小学生,给予他们更多有效激励。十指有长短,班里的小学生也各有差异。一部分小学生在学习上处于强势,即通常所说的优生;一部分小学生处于弱势,即所谓的差生、学困生或后进生。喜欢好生、厌恶差生,似乎是人之常情,但如果从生命教育的理念来看这一"人之常情",显然不符合教育本质要求。生命教育理念要求教师要均衡教育,善待"弱势群体"。在学业述评内容的制定上,要思考如何才能给予弱势小学生更多真诚的期待,积极寻找小学生的闪光点,为小学生寻回那份原本属于他们的自信和快乐,让他们充满"阳光",成为"阳光学生",这才符合教育的本质和真谛。譬如,二年级某班班主任给他们班上一位学困生的学生手册评语中写道:"记得你告诉我,你会努力上进,当时我夸了你,你是如此高兴。虽然你的思维不够敏捷,做作业的速度慢了些,但在老师眼里,你仍是一块闪闪发光的金子哦！你诚实守信、乐于助人、关心集体、遵守纪律，你是一个可爱的小学生。请记住，只要你努力，老师和同学们都会帮助你，你的点滴进步都是老师最大的欣慰。"

三、坚持儿童主体性，灵活运用述评手段

小学生学业述评的影响因素是多元的，这就要求不同的主体也应一起参与到述评活动中。通过不同的视角审视小学生表现，利用多种渠道反馈信息，将传统评价的"一言堂"转变成"众议堂"，才能使小学生最大限度地受益，在平等、和谐的氛围中使个性得以发展，使述评成为教师、管理者、小学生及家长积极参与，增强沟通和协商，增进理解的活动。

（一）小学生自评，增强发展动力

"小学生自评"指小学生本人通过叙述自己每个学期的学业完成状况，对所叙述的内容进行自我评价。调查研究显示，大多数小学生缺少对自己的正确认识。学业述评应成为小学生自我审视、自我反思、自我教育的良好途径。鉴于此，学业述评应该把小学生看作评价的主人，一切是非曲直由小学生自我评判，如此可以弥补外部主体评价的不足，进而不断提高自我分析能力，悦纳自己，拥有自信。唯有把小学生看作平等的主体置于自律与他律的述评环境之中，使其内驱力被有效激发，产生内在的渴望进步的欲望，方能提升其自我述评的能力，促进其发展。

苏霍姆林斯基说过："其实每个人的内心深处都希望自己成为一个研究者、探索者或是发现者，这种需求对于儿童而言更为强烈。"唯有发挥小学生主体作用，将小学生纳入评价主体之中，小学生才能真正地成为研究者、探索者、发现者。发挥小学生的主体作用是"以人为本""创新"理念的体现，将两者有机联结在实际的教育教学中作用强大、意义非凡。

二年级某班班主任张老师在采访中这样说道："现在我们开展的学业评价，只有教师参与，小学生没有自我评判，如此很难自我反思、觉醒，并认识

到自己的学业问题并加以改正,取得进步。"

教师要时时刻刻注意为小学生搭建"平台",创造小学生可以参与述评的机会,使小学生通过参与对自身学业的述评活动,更清晰地了解述评标准,从自身出发,从而制订合理的学习目标和计划,时时激励、鞭策自己,改进和完善学习方式和方法。首先,教师要通过示范,教会小学生述评;其次,教师要引导小学生进行自我述评;最后,教师要调动其他小学生的积极性,引导、组织他们发表意见。只有充分地发挥小学生在述评中的主体作用,调动小学生参与述评的积极性,才能发挥述评的超越功能,收到良好的教育效果。[①]

(二)生生互评,培养合作意识

"生生互评"指小学生与小学生之间互相为对方的学业表现进行述评。在学业述评体系中,同伴间的相互评价起到不可估量的作用。由于同学之间地位平等,年龄、心理特征、交际圈子相似,评价更容易被评价对象所接受,生生互评可以使小学生在相互述评的过程中,更加清楚地发现对方的优势和不足,学会赞美与欣赏他人,还可以提高述评结果的真实性和可接纳度,使同学之间的关系更加密切,有利于彼此互相促进,共同进步。[②]访谈记录中黄老师表示"小学生之间年龄相仿,通过自己与他人相互对比述评更能为别人提出合理的建议,也比较容易接受别人给自己的建议"。

(三)家长参评,挖掘孩子潜力

"家长参评"即家长参与学业述评。"参与"从教育学的语域解释可以理解为行为主体自愿、主动地介入行动过程,并发表自己的意见,从而实现行为主体自主与自觉的一种活动态度。因此,"家长参与述评"可以理解为家

---

①　彭广森,崇敬红.中小学生学业成绩评价改革初探[J].教育实践与研究,2003(11):17-18.

②　苏文.合作学习学生评价体系研究[D].山东师范大学,2009:70.

长作为述评主体之一,借助一定的方式和方法,主动自愿地介入教育活动之中,描述和叙述小学生做价值判断的过程。访谈记录中陈老师提到,"家长既是教育的投资者,也是教育的合作伙伴。每个学校都有责任鼓励家长与学校发展伙伴关系,与家长共同帮助儿童健康成长"。尽管家长因工作时间和评价能力有限无法及时全面地了解小学生在校的学业情况,但家长能够在小学生校外学习情况上提供更多的评价信息,增强参与意识,发挥协作述评的功效,有利于解决评价技术与教育诉求之间的矛盾,改善家长、小学生、教师之间的关系,形成利于小学生和谐发展的互补合作态势。

家长参与学业述评势在必行,教师需对家长参与述评提供指导。①多方采取激励手段,提高家长参评积极性。学校可以通过举办家长学校,开展优秀家长报告会等,召集家长来校学习,使家长真正了解教育评价及其意义,唤醒其参与教育评价的自觉意识,从而支持教育,主动为教育发展献计献策。②营造民主评价氛围,建立合理的述评基础。部分家长因担心自己的评价会引发不良后果,所以不敢讲真话,因此,要营造平等、开放、民主的评价氛围,坚持公正、信任、诚恳的评价原则,为家长解除评价的后顾之忧。③发挥家长学校功能,开展必要的述评培训。学业述评是一门技术,有必要在家长参与学业述评之前,进行必要的科学指导。对述评相关内容要充分渗透,对家长开展有关述评目的和内容、评价过程和程序,以及如何使用评价工具或技术等方面的培训,以提高他们的认知水平,使其充分、全面、系统地了解述评。

(四)教师控评,组织有序开展

"教师控评"指教师把握和调控述评实施的整体方向,组织述评工作的有效开展。学业述评基本上由教师承担,教师是学业述评的组织者,是述评活动的直接责任人,对述评活动负主要责任。尽管学业评价倡导述评主体多元化,教师不再是唯一的执行主体,但教师在整个学业评价体系中仍占据主导地位和发挥主要作用,具有很强的权威性。

那么,教师的"权威性"源自何方? ①源于国家法律法规赋予。《中华人民共和国教师法》第七条第三项明确规定"指导学生的学习和发展,评定学生的品行和学业成绩",可见法律赋予教师独特的权威,必须为小学生进行学业评价。②始于传统文化的传承。自古以来,我们中华民族就有"尊师重教"的优良传统和社会风尚,国将兴,必贵师而重傅,教师在人们的心目中享有崇高的地位和威信,教师实施述评自然也具有很高的权威。③来自教师特定的职业身份。教师是传道授业解惑之人,教师在一系列教育活动中渐渐形成得天独厚的权威,教师述评也就有了权威感。④源于教师自身专业优势。教师真正的权威来自小学生发自内心对其产生的尊崇和信任,小学生从教师公平公正的学业述评中获得尊重和赏识,往往对教师产生发自内心的信服。访谈记录中陈老师表示:"在学业评价开展的过程中,教师应扮演好'向导''掌舵人'的角色,在观念上率先指引其他评价主体发展性地看待评价对象,树立发展性的学业评价观。"

由此可见,教师在进行学业述评时,应协调和指导各个述评主体分工合作,在述评方案制定、述评信息收集和分析、述评结果的反馈及运用等环节中沟通协商,达成共识,共同协作完成述评任务。

第四章

人本主义与小学生学业述评

第一节　人本主义及其研究

一、人本主义

人本主义一词含义宽泛，《外国哲学大辞典》中的人本主义解释是：一般与科学主义相对意义上使用，指某些西方哲学理论、学说或流派，也泛指一种以人为本、以人为目的和以人为尺度的思潮。①

据相关文献可知，立足于教育学视野的人本主义，主要分为古典人本主义教育思想和现代人本主义教育思想。值得注意的是其中所展现的人本主义教学观包括学习观、课程观以及评价观。其评价观与本书的研究观点相契合，因此本书中的人本主义具体表现为人本主义的教育评价观，它是指小学生在学业述评中成为述评的中心，突破分数等有限的外部述评标准，以小学生的人性弘扬为主要目的。②

---

① 冯契,徐孝通.外国哲学大辞典[M].上海:上海辞书出版社,2000:10.
② 袁振国.当代教育学[M].北京:教育科学出版社,1999:266.

二、人本主义及其发展研究

在中国知网数据库中,以"人本主义(Humanism)"为检索词,选取发表年度为 2017 年至 2021 年,共搜到 1811 篇文献。对这些文献进行梳理,文献主要从以人为本、人本思想、人本主义心理学、人本主义教育思想、人本主义教学观、价值取向、教学中的应用等方面进行了研究。人本主义在这些方面的文献分布如表 4-1 所示。

表 4-1　人本主义(Humanism)的文献统计

单位:篇

以人为本	人本思想	人本主义心理学	人本主义教育思想	人本主义教学观	价值取向	教学中的应用
823	250	374	129	64	47	124

选取具有代表性的文献进行阅读梳理,重点总结了人本主义的前身、人本主义的诞生、我国的人本主义教育思想观点以及人本主义的反思几个方面。

(一)人本主义的前身

既有文献表明,在人本主义尚未出世之时,两大前人本主义理论占据了学术界视野,当时的相关学术研究聚焦于此。其中一学派是弗洛伊德提出的受本能支配的精神分析,另一学派是把人类比为机器的华生行为主义。这两大理论的研究虽肯定了人的自然属性,但却在某程度上忽略了人的社会属性,也就是自由意志支配的能动性。①

---

① 杜光强.人本主义教育理念对当代教育的启示[J].内蒙古师范大学学报(教育科学版),2011(01):1-2.

（二）人本主义的诞生

当人本主义作为心理学研究的一部分出现在学术研究中时，它被心理学界称为第三股势力。据文献记载，人本主义较早可追溯到 14 世纪时期的意大利，与文艺复兴密切相关。[①] 在 1967 年由人本主义心理学的领军人物亚伯拉罕·马斯洛提出，其他代表人物有德国的费尔巴哈、俄罗斯的车尔尼雪夫斯基和罗杰斯。[②]

同时，马斯洛的研究观点因具有非凡价值性，被众多学者在相关文献中提及，其主要观点总结为：人有本能，也有似本能。似本能与本能相辅相成，同时支配人们的行为。两者如果和谐地调动起来，那么人们就可达到自我实现的状态。他的主要内容围绕人的行为动机，也就是"需要"类型与层次为切入点，开展人格发展的探索。[③]

（三）我国的人本主义教育思想观点

学者从我国小学教育的人本主义取向进行研究，发现我国教育在 1995 年以前的人本主义取向方面有所缺失。我国在 2012 年首次提出了素质教育的思想，这是一个巨大的进步，自此我国教育开始融入人本主义，但其实施并不成熟，由此众多学者就我国人本主义教育的发展状况、问题提出了改进性建议。

我国人本主义教育思想的研究可谓百家争鸣，在已有的文献中，学者研究结论都十分关注小学生的主体地位、尊重小学生的个性和潜能发展、意在培养小学生的健全人格。以下是既有文献中的三类主要观点。

---

① 何杰."人本主义工程"的理论与实践研究[D].华中师范大学,2018:17.

② 韩志鹏.基于人本主义的小学教育管理者自主管理研究[D].河北师范大学,2019:5.

③ 孙丽娜.马斯洛人本主义理论及其当代价值[D].广西师范大学,2018:1.

1. 自我实现是人本主义教育思想的一个重要目标

在批判主观主义教育之外,要求教育者和受教育者两者地位平等,不仅培养小学生的人格尊严,还提升他们的学习积极性,放大教育效果,促进教育目的达成。

2. 教育主体和内容的开放性

帮助小学生树立正确的世界观、人生观以及价值观,充分体现教育的人本性,促进小学生的全面发展。

3. 个体之间的差异性原则

个体之间的差异性原则能通过科学途径使个体得到发展、完善,从而培养多层次的人才,不仅促进个体的全面发展,更促进全体的全面发展。①

(四)人本主义的反思

部分学者同样研究了人本主义应用于我国教育中,仍存在的非理性偏差,并在相关文献中指出,要跳出人本主义教育误区,应构建以人为本和多元并重的教育系统、培养理性的人和塑造人的理性行为、兼顾小学生个体与公共群体的共同利益、创设理性的学校文化。②

---

① 黄也佳.论我国教育方针的人本主义取向[J].重庆电子工程职业学院学报,2015(02):78.

② 刘建.人本主义教育哲学的反思与回归[J].教育发展研究,2017(06):61.

第二节　人本主义对小学生学业述评的启示、原则及其意义

一、人本主义对小学生学业述评的启示

(一)强调述评对象的人本地位

建立在人本主义基础上的所谓"人本化"学业述评,主要是由小学生与生俱来的主体属性作为支撑,就是小学生个性在以人为本的学业述评系统中的发展及张扬。[①] 因此,人本主义对小学生学业述评的启示是发挥小学生的人本地位。

现代的主体性思想最早发源于 19 世纪初,该理论将小学生视为民族传承的希望,是国家生存和发展的灵魂,它随着人们主体意识、主体精神的不断增强而逐渐兴起。[②] 人本主义关于学业述评的思潮风貌概括为小学生本身在学业述评中的主体地位是恒久不变的,区别于传统的学业述评理论,人本主义主要聚焦于人的发展,因而在人本主义的基础上,小学生是学习者,也是学习的主体,作为述评对象,小学生还应当是述评的主体。

(二)倡导自我实现的学业述评

人本主义就是促进人的自我实现,它看到学生、珍视学生并相信学生能一直拥有向上发展的力量,当残酷的现实给学生以打击的时候,人本主义启示着学生自己掌握自主发展权。

---

① 吕忠伟,徐立国.发挥主观能动性,有效实施学业评价[J].中国学校体育,2010(02):2.

② 朱江.主体性:人本主义教育观的核心原则[J].山东社会科学,2007(03):1.

在人本主义的影响下,自我实现的概念有在学业述评中生根发芽的趋势,这得益于权威阴影的消散和关注自我意识的觉醒。小学生不应该被学业述评所控制,被当作工具扭曲成社会想要的样子,人本主义警示维护小学生良好的自我意识、培养优秀的自我个性。

(三)关注人格完善的学业述评

人本主义认为,人格完善的小学生更容易建立自己独特的学习风格,能培养良好的学习习惯和学习行为,有利于小学生的学业发展,所以这个理论给小学生学业述评的启示是重视小学生的人格完善。在人本化的述评机制的激励下,小学生学习知识经验的愿望和潜能被释放出来,最终把他们培养成"完整"的人。

二、基于人本主义的小学生学业述评的原则

(一)述评对象的主体性原则

小学生在学业述评中是主人公的角色,主体性原则是小学生对学业述评的实践改造原则,是从小学生的内在发展需求出发来把握述评尺度的原则,是凸显小学生的人本性以及人的主体地位对学业发展所包含意义的原则。

在人本化的学业述评过程中,涉及多种不同方面和不同层次的主客体关系。针对述评对象的主体性原则,它表示承认、关注并且坚持某一述评对象在学业述评中的地位和影响,承认小学生在人本化学业述评中所发挥的意义。只有正确地了解每个小学生是述评对象时的主体作用和特点,才能让小学生充分了解到,他们在学业述评中的认知和实践所具有的人本权利,以及对自己负责的义务是统一的,主体权利的所在就是责任的所在。所谓主体性,并不是只要权利而抛弃责任,若将该原则扭曲为可以在学业述评中随着小学生的自由意志做任何述评行为,那这是非常片面的理解。所以,任

何一个小学生,一旦在人本化的学业述评中遵循主体性原则,就要求能够自觉地辨清自己所拥有的权利以及承担的责任,并思考如何在后续的学业述评中将两者统一,也就是加强自身的人本发展和改造客观世界的统一。①

(二)个人发展的需求性原则

在人本主义的基础上,小学生的学业述评要遵循小学生的需求性原则,主要体现在以下四点。

1.把小学生需求作为述评指导

以小学生的实际人本发展需求,抓好其学业发展的预测,从而确定学业述评的方向和趋势,及时为述评策略的制定提供有效的信息依据,维持人本化学业述评的健康发展。

2.需求分析由小学生本人操作

体现小学生和教师以及其他关系之间的平等,针对什么进行学业述评,怎么样进行学业述评,学业述评的结果反映的发展程度如何,这些都要根据小学生自己的人本发展需求来衡量,就是小学生表达自己的个人需求,而不是学业述评本身牵着小学生走。若存在小学生无法独立分析个人发展需求或发展需求的价值观不恰当的情况,则可以由教师引导,基于小学生意愿帮助其寻找正面价值上的需求。

3.聚焦需求重点

从宏观的角度了解小学生的人本发展需求,且在学业述评中着重对需求的重点加以价值判断,坚持把握重点,将其他的发展需求配合价值判断的述评过程。

4.不同的人本发展需求要区别对待

每位小学生的发展定位不是完全一致的,在规划每一个小学生的学业

---

① 王正.现代人本主义主体性思想探析[J].内蒙古民族大学学报(社会科学版),2002(08):33.

述评的时候,要考虑多种人群,他们的需求不同,决定了在学业述评时要运用不同的述评策略,述评策略最终是为小学生而设计的。

(三)丰富人本的开放性原则

基于人本主义,可知人的定义具有自我创造和持续形成的特点,小学生在人本化的学业述评中往往是不具备任何稳固的、特定的先在本质,他们可以通过开放性的学业述评不断释放自我、塑造自我。

在遵循开放性原则的学业述评中,为了达到丰富人的发展的目的,一般反对在学业述评中衍生的某种非理性的、僵死的价值判断。而我们称人本化的学业述评要遵循开放性原则,就是说在学业述评过程中,其手段、策略等,并不是封闭的,而是允许介入的,它应当有一定的组织独立性,但仍留有一些空间让学业述评的参与者去思考和拓展,据外界的教育环境变化进行相应信息交换,以及时调整述评策略,发挥学业述评更丰富的效果。①

(四)人格优化的过程性原则

基于人本主义的小学生学业述评充分响应2020年国务院颁布的《深化新时代教育评价改革总体方案》,关注过程性述评,改进结果性述评,旨在优化小学生的人格素养。

以往学业述评往往把重点放在小学生的学业成就上,形成"唯分数论"的结果性述评一方独大的局面。一般测评结果只通过数字的方式来呈现,这将小学生学业发展过程中的改善变得模糊,从而让学业述评抽象化。他们缺乏自己跟自己上一阶段对比的意识,而只能在同一批次的成绩中被动地与他人进行比较,部分小学生自身细微的进步难以被教师发现,这让他们对学业述评失去了信心。

所谓过程性原则,是指学业述评以小学生人本发展的内在联系和规律

---

① 田友谊,邱月.学业评价观的变革:反思与构建[J].教育测量与评价(理论版),2011(05):4-8.

为线索,让述评充分展现小学生得到人格发展的历程,使小学生每一次学习的生成、发展都与学业述评联系起来,带动小学生真正地参与到自身人格优化的过程中来。① 当然,一切的学业述评策略都紧紧围绕着小学生怎样得到发展来进行安排,在这样的过程性原则的要求下,无论是小学生的思维、技能还是情感,都能在人本化的述评中得到调控,相比于上一阶段,小学生的所有进步都能被看到,小学生在过程性学业述评中可以得到良好激励。

三、人本主义对小学生学业述评的意义

(一)开启人本化述评的新征程

回溯中华人民共和国成立初期至改革开放以前,我国教育工作对小学生德育非常重视,学校倡导小学生义务植树、观看爱国影片、去烈士陵园扫墓等,且根据好人好事对小学生开展价值判断,给小学生奖励小红花。这些朴实的行为在人本主义取向上,促进了小学生的学业述评积极发展。②

后来,小学生学业述评开始追求高效化和标准化,以生为本的述评在实际的学业述评过程中面临着改善需求,却得不到相应的改善,因而学业述评流于形式,从此终结性的学业成就取而代之成为小学生学业述评的主要标准。

如今,国家政策支持学业述评改革,从重视学业述评指标的改良、关注小学生的知识素养提升等方面,到逐渐重视小学生本人的合理发展需求,学业述评走向这一崭新的征程,还得益于人本主义对它的再创与深化。

(二)奠定以人为本的述评理念

以人本主义作为理论基础的学业述评,始终将"以人为本"作为学业述

---

① 徐岩,丁朝蓬.建立学业评价标准,促进课程教学改革[J].课程・教材・教法,2009,29(12):3-14.

② 王晓彬.小学高年级学业质量评价策略研究:以大连市×区七所小学为例[D].辽宁师范大学,2015:1.

评的出发点。学业述评制度要在教育改革中获得成功,靠的是先进的理念。凡是成功的学业述评,无不把"以人为本"的理念渗透到述评环节的方方面面。现在,人本主义理念强调尊重、接纳和自我负责,强调过程而不是结果,这是现代人本化学业述评的理论精华。①

换言之,人是社会发展的关键,育人是教育的灵魂,人本主义的核心是以人为本,因此,坚持把人本主义和小学生学业述评相结合,对促进小学生的人本发展,指导现代学业述评进行创新,树立以人为本的述评理念,具有非常大的理论、实践意义。一切为了小学生、一切尊重小学生,并实现以小学生的人本的发展带动学业述评的进程,以学业述评的发展促进人的发展,打造一个有着强大发展、创造性的小学生学业述评体系。

(三)明确立德树人的述评导向

《左传》载:"太上有立德,其次有立功,其次有立言。虽久不废,此之谓不朽。"此观点彰显了立德树人的重要性。基于人本主义的小学生学业述评以德育为先,明确了立德树人的学业述评导向。

人本主义始终贯彻发展教育的使命,党的十八大报告提出"把立德树人作为教育的根本任务,培养德智体美全面发展的社会主义建设者和接班人",再进一步拉近尴尬的现实和丰满的想象之间的距离,强化小学生学业述评的改进和激励功能,探讨符合教育规律、体现时代特征的学业述评体系。此外,小学生正处在身心发展重要时期,能将人本主义与学业述评全过程相融合,将对述评起到很好的导向作用。在以人为本的基础上,要成才,先成人,"立德"重于"治学",人本主义能够很好地纠正应试教育学业述评中的"重智育、轻德育,重分数、轻素质"的怪相,重新把握学业述评的立德树人正确导向。该理论通过正面积极的学业述评来感化人、引导人、激励人,更

---

① 高闰青."以人为本"理念及其教育实践问题研究[D].西北师范大学,2008:8.

深入来说,还坚持通过合适的学业述评策略来塑造人、改变人、发展人。[①]

第三节 人本主义观照下小学生学业述评的主要策略

一、以人为本,述评主体多元

述评主体参与到学业述评过程中,并按照一定的述评标准,对述评客体,即述评对象进行相应价值判断。一般述评主体既可以是个人,也可以是团队。已有的研究表明,我国的小学生学业述评发展存在述评主体单一的现象。

通过访谈及文本分析,将学生手册评语一栏涉及的学业述评主体做相关统计,了解到玉东新区××小学的学生学业述评主体组成对比如表4-2所示。

表4-2 学业述评主体组成对比表

学业述评主体	教师	家长	同学	小学生本人
组成比例	78.3%	10.0%	3.3%	6.7%

由表4-2可知,该校的小学生学业述评往往只采纳教师的学业述评,不重视同伴、家长等其他主体给予的学业述评,未能客观呈现他人对小学生日常品行和表现的叙述性评语。

那么基于人本主义的学业述评,它就是为了让小学生的人本发展达到

---

① 王建有,王卓月,邢利敏.人本主义教育观再探讨[J].中国冶金教育,2019(06):82-84.

新的高度,所以,从不同的角度对小学生展开述评,其述评都存在一定的借鉴意义。因此,应鼓励小学生、同伴、家长和教师共同参与学业述评,帮助小学生在自我评价、互相评价以及教师评价中不断反思与进步。

该策略一方面非常尊重小学生人本地位,另一方面让其他主体参与学业述评,使其形成多元主体共同述评的交互活动。这有利于集中各个层次的学业述评,在多方位、多角度的交流碰撞中,发现小学生的个人发展特点,提高小学生对自己的认识。

二、一人千面,述评内容多层

人的发展具有多样化,传统学业评价大多从分数出发去评价小学生,忽视小学生在其他方面的潜能,因而努力丰富学业述评内容是一项刻不容缓的任务。结合对该校教师的访谈和对学生手册的分析,可以总结出学业述评的内容与要素。

通过访谈和文本分析了解到,玉东新区××小学的述评内容包括道德品质、公民素养等6个层次,每个内容又细分3至4个更详细的要素。其中,当在访谈中问及"如何在学业述评时做到以人为本",该校教师普遍关注小学生发现、解决问题的能力,并关注其情感态度、价值观的变化,实现述评内容的多样化。

就小学生自身发展的可能性来说,每个小学生对学习有差异性的理解,部分重难点知识可能对于个别小学生来说并不是较大的问题,反而他们知识学习的重难点表现在另一些不为人所关注的方面。所以,为了小学生的个人发展,述评的内容还需灵活和变通,根据小学生的个人变化发掘多样化、个性化的述评内容。

三、因人而异,述评标准多维

述评标准是指在人本化的学业述评中应用于述评对象的价值判断尺度

和界限。

通过访谈和文本分析,可以得知玉东新区××小学常用的学生学业述评标准与要求,具体如表4-3所示。

表4-3　学业述评标准与要求调查表

项目	权重	关键要求
学习兴趣	30%	1.有好奇心和质疑精神 2.自觉完成学习任务 3.努力克服学习中遇到的困难
学习方法	25%	1.有良好的学习习惯 2.能制订有效的学习计划 3.善于在学习中总结与反思 4.能听取他人建议以改进学习方法
独立探究	25%	1.能独立思考 2.善于提出问题与解决问题 3.掌握探究的策略和方法
创新精神和实践能力	20%	1.有丰富的想象力和创新意识 2.动手能力较强,有实践成果或作品 3.学科操作考核合格 4.综合实践活动考查合格

由表4-3可知,玉东新区××小学在制定述评标准、确定优良等级时,主要依据多样的客观因素,通常建立于社会期望培养的人才的特征或属性,能紧扣不同群体的价值观念,该校的述评标准表明了不同群体的关注点。

人本主义视域下的小学生发展非常重视小学生的个人需求,学业述评标准的确立,必须面对的问题是述评标准将因述评对象而异。[①] 如某小学生重点培养语文阅读能力,而另一小学生重点培养语文写作能力,则针对他们的学业述评标准要从多个维度确立。所以,因人而异制定不同的学业述评标准,具有引导小学生努力的作用。

四、识人有术,述评方式多样

通过访谈,向访谈对象了解了当前学业述评的主要方式,以及它们各自在实施中的优点和缺点,调查结果总结如表4-4所示。

表4-4　学业述评方式调查表

优、缺点	自评	互评	点评	综评
优点	加深小学生自我认知	培养小学生的协作精神	针对性强	有利于全面发展
缺点	难以发现潜在问题	较难维持客观公正	不能覆盖学业的全程	较难发展特长

由表4-4可知,当前学业述评方式主要有自评、互评、点评和综评。接受访谈的教师普遍认为,若将"以生为本"作为学业述评的前提,则学业述评在方式的选择上应当不局限于任意一种述评方式,小学生个人的更多亮点可以通过多样化的述评方式被发掘,小学生的人本发展需要述评主体灵活采用不同的述评方式去开导和驱动。

---

① 张志扬,张智君.开放教育学生评价的现状分析及对策研究[J].江西广播电视大学学报,2005(04):21-24.

第四节　人本主义视域下小学生学业述评的运作程序

一、"以人为本,述评主体多元"的运作程序

(一)提升人本地位

要落实人本化的学业述评策略,第一要义是稳抓人本。我国小学教育的学业述评理念大多从早期的西方借鉴而来,自己的理论支撑体系并不太丰富,所以时而陷入难以消化的学业述评发展问题里。访谈对象周老师关于学业述评的人本地位的看法是,"学业述评其实已经存在,最明显的就是写评语,但有些评语是随机抄录的,并没有很好地重视'以生为本'"。

由以上可知,在新的历史条件下,小学生的学业述评发展走向人本化,关键在于提升人本地位,坚持以小学生的实际需求为发展根本,适应社会发展所带来的形势,在学业述评全过程贯通以人为本的核心理念,这是人本化学业述评获得成功的一项重要前提。

(二)确定述评主体

基于人本主义的学业述评在选择述评主体时,会全方位涉及,将与述评对象发生互联关系的、有条件对述评对象开展价值判断的多个主体悉数纳入述评主体范畴。访谈对象吴老师对选择述评主体的看法是,"以前的学业述评基本由教师独立完成,现在我们发现家长和小学生们也是非常重要的述评主体,他们能给小学生带来不同的述评体验,以后述评主体选择的面要宽一些"。

由以上可知,述评主体推荐选用的是小学生自身、校内长期接触的教师、学习中互相交流的同学以及家中监护的家长等,这样的述评主体所给出

的述评才更科学客观,有利于小学生的人本发展。但考虑到实际的人本发展,合格的述评主体应了解述评对象的学业任务、性质、内容及标准等,最好是拥有近距离观察述评对象学习活动的机会。

(三)实施有效述评

各述评主体需要运用一定的篇幅,针对特定的述评对象做比较全面的述评,从多个角度对学生的人本化发展进行评论。访谈对象韦老师对有效述评的看法是,"平常的学业述评,大多在期末的小学生手册评语上体现,缺乏贯穿全程的学业发展观察,在'以人为本'的述评倡导下显得没有说服力"。

由以上可知,基于人本发展的学业述评强调纵横比较,纵是从述评对象的本阶段与前一阶段进行纵观比较,横是从内部与外部之间的生生发展进行横览。从某一点入手就产生学业述评,这并不足以发现小学生的人本发展规律,所以各述评主体只有通过纵横观察比较,才能对人本发展变化进行分析、鉴别,从而对述评主体做出有效的学业述评,为人本发展提供有意义的借鉴。

(四)汇总述评结果

人本化的学业述评不带有强烈的选拔目的,更多是为了小学生的个人发展。可以采用恰当的信息处理手段,提纲挈领,提取重点。访谈对象黄老师对述评结果汇总的看法是,"当述评主体有比较明显的分类时,学业述评结果的汇总也可以遵循这样的归类方式,既达到汇总要求又提高效率"。

由以上可知,当采用了多元主体述评的策略时,各主体与述评对象的接触层面有所区别,在进行结果汇总时,要采用层次分析的方法,最后针对具有关键作用的述评进行细谈,对于一般结果可以选择适当省略,这样能把更多时间及精力投入小学生个性人本化的建设中。

二、"因人而异,述评标准多维"的运作程序

(一)明确个人需求

小学生的发展最后受益面最广的还是小学生自己,所以不妨让述评对象本身明确自己的人本发展需求。小学生需要明确自己的计划,在什么时候、实现怎样的学业目标,要清晰地在自己的学业生涯中标识出来。访谈对象吴老师对小学生学业述评需求的看法是,"以生为本,就应该了解小学生的需求,但个人需求的确定是有科学性的,若小学生提出来的需求不符合实际的人格发展,那么后续学业述评的结果将毫无意义"。

由以上可知,像教师、家长,类似的具备独立人格的主体可适时介入其需求的确定过程,但前提是以人为本,一定尊重小学生自己的发展意愿,且科学客观,具有相当的可行性。明确了这样的人本发展需求才能进入述评策略的下一步。

(二)评估述评标准

在应试教育思想根深蒂固的今天,要真正关心人本的发展,就不应该"唯分数论英雄"。要破解追求高分的恶性循环圈,在保证科学基础知识的学习之外,要结合好小学生实际的人本发展需求,再另辟蹊径,为学生量身定做一套适合他沿用的学业述评标准。访谈对象宋老师对评估述评标准的看法是,"不同阶段、不同类型的小学生,在学业述评时的标准也不同。比如小学生1与小学生2本来的学习基础不同,那么他们的述评出发点和述评标准也会相应改变的"。

由以上可知,述评标准中要清楚述评对象需要在知识、能力、情感态度与价值观方面,有什么样的成就,且要保证该标准在使用时,可以对述评对

象的学习活动或者各方面的人本发展行为,进行可判断的、可描述的述评。①

(三)达成述评共识

各述评主体之间要达成共识,必须认识到人本发展的要义,围绕怎样正确对述评对象的学业述评进行设计做深入的沟通,形成扎实的人本发展推动力,以期达到立德树人的目的。访谈对象陆老师对述评共识的看法是,"我们一直以来都重视家校合力,还有师生间的和谐力量,在学业述评前我们会跟多个述评主体一起,根据小学生个人应达到的标准,达成一致,以便于后期的述评工作"。

由以上可知,家庭是小学生的第一学校,学校是家庭教育的升华,同学是小学生的良好学习伙伴,他们之间缺一不可,所以要共同为述评对象的人本发展贡献力量。对于最终开展的学业述评,教师要严格执行,家长要理解支持,小学生要补充促进,只有这样,人本化的学业述评才能更好地实施。

(四)施测及记录

多元主体下的人本化学业述评在施测过程中需要区别对待。访谈对象周老师对述评施测和记录的看法是,"根据以往的学业述评来说,过于笼统的实施过程会让整个述评变得头重脚轻,实施过程还是需要精细考量的"。

由以上可知,大部分的学业内容都在学校中开展,所以在校的教师可以使用定量、定性相结合的发展记录表进行详细的述评记录。同学是跟述评对象同处一个学习空间的时间更为长久的述评主体,所以在教师课余无法随时观察的地方,同学们有可能更快掌握该述评对象的人本发展情况,由于小学生的实际记录能力有所不足,所以可以适当简化记录过程,将重点反映出来即可。而家长接触小学生的生活层面较多,述评的记录可以多靠近生

---

① 张志扬,张智君.开放教育学生评价的现状分析及对策研究[J].江西广播电视大学学报,2005(04):21-24.

活中的人本发展。

三、"一人千面,述评内容多层"的运作程序

(一)了解小学生情况

小学生的人本发展程度是存在差异的,而小学生自身又是人本化学业述评的主体,全方面了解述评对象是实施人本化述评的前提,如了解述评对象的思想、爱好、脾气、性格、学习水平、生活能力等。访谈对象韦老师对了解小学生情况的看法是,"强调以人为本的学业述评,就会在日常学习生活中充分观察小学生,比如课堂上、课间活动、作业完成情况等,都是很好的观察点"。

由以上可知,要了解小学生,首先,可以采用观察的方法,如课堂上的眼神、表情和举动,都可以反映小学生对知识的掌握情况。其次,可采用谈话方式,该方式比较适合深入的了解。最后,可以在各述评主体之间互相交流,教师、班级同学及家长都可通过该沟通方式,掌握述评对象在其他方面的人本发展特征。

(二)分析述评情景

小学生在不同述评情景中将产生多样的述评体验、成就体验和人文体验,个性化的述评情景需要具体剖析,才能更好地实行人本化的学业述评策略。访谈对象黄老师对分析述评情景的看法是,"在不同的课堂、写不同的作业、开展不同的活动,它们对应的述评内容有很大的区别,一般建议区别对待"。

由以上可知,截然不同的述评情景需要区别对待。如果小学生处在语文课堂上,那么在这个述评情景中,述评内容将围绕语文方面进行展开;如果小学生在体育课上,那么述评的内容就是体育方面。所以,人本化述评需对小学生所处述评情景做出必要分析。

（三）分解述评内容

述评内容涉及各个方面,可以根据人的认知领域分解为知识、能力、情感态度与价值观等;可以根据学业环境分解为自然、社会以及生活等方面。访谈对象曾老师对分解述评内容的看法是,"述评内容细腻,对小学生来说更具有参考价值,另外我们并不是需要面面俱到,建议在整体上有述评的侧重点,这个重点最终还是根据小学生自身来确定"。

由以上可知,述评内容的分解程度要根据述评对象实际需求决定。如果小学生需要发展语文的阅读能力,那么在语文阅读方面的述评内容可以分解得更详细一些,这样有利于观察和记录述评对象在这方面的人本化发展。如果小学生某方面的人本化能力已发展较为完善,则这方面的述评内容可适当简略。

（四）全面开展述评

针对述评对象确定了详细的述评内容后,既可以对述评对象的单一面开展人本化的分析与评论,也可以对述评对象的多个事实层面做概括性的述评。

做好基础性述评工作,最后就是正式开展述评了,无论是书面的评语还是口头的评语,都是可以的,主要考虑具体情况,但谨记紧扣以人为本。

由以上可知,可以调取适用于述评对象的语言结构,将自己的人本化学业述评语料来组成段或组成篇,从述评对象的角度出发,考虑自己的述评是否符合对方的人本发展,以便获得积极的学业述评效果。另外,还可根据述评对象其他的人本化发展表现,对已生成的述评做出完善性的增补,这样的学业述评能辐射到述评主体的方方面面。

四、"识人有术,述评方式多样"的运作程序

（一）营造开放氛围

营造良好述评氛围是人本化学业述评成功进行的重要前提。人本化的

学业述评氛围应当是开放、和谐且宽松的,营造氛围的根本是激发和引导各述评主体的情绪体验。访谈对象陆老师对营造开放氛围的看法是,"小学生比较喜欢轻松愉悦、积极向上的学业述评,这是常态,所以要想小学生更容易接受你给予的述评,最好是营造一个良好的氛围"。

由以上可知,营造一种开放的述评氛围,不仅有利于述评主体从被动地接受学业述评转变为主动地配合学业述评,而且有利于各述评主体畅所欲言,激发他们产生更多关于述评对象的人本化发展的改进建议,这样述评对象更易在人本化学业述评中得到进步和成功的体验。

(二)选择述评方式

传统的学业述评方式较多表现为教师给学生述评,最终使用数字化的成绩表达对述评对象进行学业方面的价值判断。访谈对象曾老师对选择述评方式的看法是,"目前学校里常用的学业述评方式主要是教师给小学生述评,但其实在学生手册和小学生成长档案里,有家长述评和小学生自评部分,日常还会存在同学间的相互述评"。

由以上可知,每个小学生处在不同的人本发展水平,当述评主体对这个复杂的对象的多个指标进行学业述评的时候,如果只选用单一的述评方式进行学业述评,往往是不够科学客观的。因此要考虑实际的人本发展需求,选择一套合适的述评方式。一个恰当清晰的学业述评方式,有利于提高人本化学业述评的终极述评效果。

(三)分析可行性

对预选的学业述评方式,需要进行科学化的可行性分析。访谈对象刘老师对述评方式可行性的看法是,"理想和现实还是需要综合考量,不能仅仅靠理想中的述评设计走遍天下,比如让新生班级的小学生互相述评,他们之间的了解程度不深,这种述评方式显然不太可行"。

由以上可知,应剖析述评对象的原有人本化特征及未来学业发展的人本化需求,从目的、技术、开展条件等方面进行研究,分析两者是否匹配,且对使用这个学业述评方式后有可能取得的人本化成果做一定的预测,从而提出该套学业述评方式是否值得使用,为最终选用的述评方式提供科学依据。这样的可行性分析具有一定的预见性、可靠性。

(四)方式创新与重组

较为创新的一个重组式述评方式可以是让自评和互评、点评和综评相结合。访谈对象何老师对述评方式创新重组的看法是,"只要符合以生为本的学业述评理念,我们还是希望鼓励创新,鼓励重组,这样才有碰撞,才有可能推动学业述评更好的发展"。

由以上可知,当完成一个学业任务,可以让小学生先进行自我评价,再组织与该生相关的学习成员进行互评,教师可以根据上述的述评结果开展点评,最后按自评、互评及点评的比例做综合评价,这样得到的最终述评结果,可运用百分制和等级制的分数进行转化呈现。诸如此类,小学生的人本发展可能性非常丰富,所以要充分认识并发展小学生的人本化特点,可以适当地对学业述评方式进行创新与重组。

第五章

面向未来教育的小学语文学业述评

第一节　未来教育及小学语文学业述评的研究成果

一、概念综述

(一)未来教育

1983 年,邓小平提出"教育要面向现代化,面向世界,面向未来"。关于未来教育,伏彩瑞等提到,未来的教育是人机共存的"教"与"学"。[①] 在 2020 全球智慧教育大会中,董奇则表明,未来的教育将以信息技术为支撑。[②] 随着人类的发展和进步,未来教育一定会走向个性化,而教育现代化的新标志之一就是个性化教育。伴随着信息技术的迅猛发展,任何人能够在任何时间、任何地点,学习任何内容。

综上所述,本书认为"未来教育"是立足现在、面向未来,主要以信息技术为支撑的个性化、智慧化、泛在化教育。

---

① 伏彩瑞,关新,朱华勇,等."人工智能与未来教育"笔谈(下)[J].华东师范大学学报(教育科学版),2017,35(05):13-29.
② 互联网教育国家工程实验室.2020 全球智慧教育大会:聚焦人工智能与未来教育[J].现代教育技术,2020,30(09):126.

（二）小学语文学业述评

语文课程是学习语言文字运用的综合性与实践性课程。[①] 小学语文学业模块包括识字与写字、阅读、写作、口语交际、综合性学习。本书中的"小学语文学业述评"指的是小学语文教师根据小学生的小学语文识字与写字、阅读、写作等小学语文学业模块的具体情况，以非量化的方式对每一位小学生的语文学业情况进行叙述并加以评价。

二、关于未来教育的研究

通过检索有关未来教育的文献，并进行阅读，发现有关未来教育的国内研究内容主要涉及以下方面。

（一）有关未来教育概念的研究

李笑非认为未来教育是立足现在、面向未来，并且满足小学生未来发展需要的教育。[②] 而杨宗凯结合时代发展的趋势以及教育系统面临的问题，认为未来教育是信息化、国际化、职业化、法制化以及终身化的教育，是更加公平、人本而且具有个性化、差异化的教育。[③] 同样，伏彩瑞等也结合人工智能的时代背景，认为未来教育是人机共存的"教"与"学"。[④] 综观不同研究者对未来教育概念的界定，虽有所不同，但都有共通之处。他们都结合时代背景，对未来的教育进行预测，进而界定"未来教育"的概念。

（二）有关未来教育趋势的研究

对未来教育趋势的剖析，有益于发现研究的指向性问题。从现有研究

---

① 中华人民共和国教育部.义务教育语文课程标准(2011年版)[M].北京:北京师范大学出版社,2012:2.
② 李笑非.创造最适宜学生的"未来"教育:基于核心素养与学习能力的未来学校建设探索[J].教育科学论坛,2016(14):27-31.
③ 杨宗凯.从信息化视角展望未来教育[J].电化教育研究,2017,38(06):5-8.
④ 伏彩瑞,关新,朱华勇,等."人工智能与未来教育"笔谈（下）[J].华东师范大学学报(教育科学版),2017,35(05):13-29.

看,研究者对未来教育的趋势聚焦在未来教育的服务社会化、供给个性化、业态虚实结合,而形态是泛在的、终身的。其中,余胜泉提到互联网打破了社会组织服务的界限,无论是学习的消费者还是考试的提供者,都有可能是来自社会机构;伴随着"互联网+教育"的发展,线上线下教育得以实现交替进行。① 而田贤鹏提到,未来教育必然会跟随着人类发展与进步的需要而实现终身化和个性化。②

(三)有关未来教育运用的研究

未来教育通常与"大数据""人工智能""互联网+"等词有着紧密联系。研究者们将未来教育的相关观点运用到未来学校的建设、未来课堂教学的开展、对未来教师的要求以及对小学生的培养等方面。

对于未来学校的建设,杨宗凯认为未来的教室必然是云端教室,云端教室里面配备有电子白板、电子课桌以及电子课本等,而学校资源也都汇集到教育云上,教学资源得到共享③。对于未来课堂教学的开展,现代信息技术已经运用得越来越广泛,MOOC、翻转课堂都渐渐得到普及。在《论 MOOC 及未来教育趋势》中,伍民友和过敏意提到未来教育将朝着"教师明星化,课程精品化,内容模块化,辅导分级化"的方向发展。④ 朱永新等认为未来学习中心的基本特征之一是"从学习中心的内在本质来看,个性化是基本方向"。但是未来教育将由小学生控制而不是由教师控制学习过程,以实现由"教"到"学"的转变,去标准化、个性化、定制化将是未来学习的方向。⑤ 在新冠疫

---

① 余胜泉.大数据时代的未来教育[J].中国民族教育,2017(Z1):8-11.

② 田贤鹏.个性化教育与终身化学习:从《斯坦福 2025》计划看未来教育模式变革[J].湖南师范大学教育科学学报,2017,16(01):57-64.

③ 杨宗凯.教育信息化十年发展展望:未来教室、未来学校、未来教师、未来教育[J].中国教育信息化,2011(17):14-15.

④ 伍民友,过敏意.论 MOOC 及未来教育趋势[J].计算机教育,2013(20):5-8.

⑤ 朱永新,徐子望,鲁白,等."人工智能与未来教育"笔谈(上)[J].华东师范大学学报(教育科学版),2017,35(04):15-30.

情影响下,小学生不能在校学习,众多学校转向远程教育,由此众多国外研究者也投入远程教育对未来教育的影响研究当中。其中,González Carlos M指出,新冠疫情加速了远程教育的采用速度,必要的远程教育可能会成为未来教育的新模式。① 随着人工智能的迅速发展,许多国外研究者将目光聚焦于人工智能在未来教育的应用当中,如 Gr. Voskoglou Michael 就重点研究了人工智能在未来教育中可能扮演何种角色以及其背后存在的风险。② 与国内不同,国外研究者对未来教育的研究具体到教师、医生、工程师等不同职业,如Sears Erika D,Chung Kevin C 研究手外科医师的未来教育和实践计划。③

三、关于小学语文学业述评的研究

经过阅读有关小学语文学业述评的文献,发现研究者对其的研究主要涉及以下方面。

(一)有关小学语文学业述评方式的研究

根据小学低段语文学业述评的基本要求,谢莉提到要结合过程性评价和终结性评价,强调要关注小学生的成长过程;要结合定性评价和定量评价,强调不仅要关注分数和等级,还要客观地描述和建议典型性的事件;要将可行性和实效性相结合,而避免形式主义;除此之外,还要将整体性和综合性相结合。④ 而经过调查,徐岩和丁朝蓬发现小学生仍以纸笔测验作为主

---

① González Carlos M. Education from a Distance COVID-19 Accelerated the Adoption of Online Distance Education. The Push Toward Remote Learning by Necessity May Now Become the New Future Education Model[J]. Mechanical Engineering,2021,143(1):42-47.

② Gr. Voskoglou Michael. Thoughts for the Future Education in the Era of the Fourth Industrial Revolution[J]. American Journal of Educational Research,2020,8(4):214-220.

③ Sears Erika D, Chung Kevin C. Future education and practice initiatives in hand surgery: improving fulfillment of patient needs[J]. Hand clinics,2014,30(3):377-386.

④ 谢莉. 小学低段语文学业评价的实践研究:以成都市龙江路小学分校为例[D]. 四川师范大学,2014:5.

要的评价方式,而表现评价和档案袋评价更多的时候只是作为一种点缀。①
总而言之,研究者们结合调查情况,更多地强调小学语文教师要注重过程性
评价,不能只重结果而轻过程,不能只重分数和等级而不注重小学生的
成长。

(二)有关小学语文学业述评内容的研究

以《义务教育语文课程标准(2011 年版)》为依据,研究者注意结合小学
生的知识与能力、过程与方法、情感态度与价值观的情况进行小学语文学业
述评研究。除此之外,研究者们还注意到要从小学生的听、说、读、写能力方
面进行学业述评研究。

其中,谢莉认为教师进行课堂教学评价要兼顾评价小学生掌握知识技
能的情况,以及小学生表现出的情感态度与价值观的情况。② 张福莲还提到
进行小学语文学业述评需要统筹协调,关注每一个听、说、读、写环节。③ 除
此之外,吴丽瑶则从小学语文识字与写字、阅读、写话、口语交际、综合性学
习方面调查小学语文二年级教师对于语文学业评价内容的认识和实践情
况,发现大多数教师只注重识字与写字、阅读和写话,而忽略口语交际和综
合性学习的评价。④

(三)有关小学语文学业述评主体的研究

从已有研究来看,研究者对小学语文学业述评主体的多元性较为重视。

---

① 徐岩,丁朝蓬.建立学业评价标准 促进课程教学改革[J].课程·教材·教法,
2009,29(12):3–14.

② 谢莉.小学低段语文学业评价的实践研究——以成都市龙江路小学分校为例
[D].四川师范大学,2014:11.

③ 张福莲.大数据背景下的小学低段语文评价实践[A]//《教师教学能力发展研
究》总课题组.《教师教学能力发展研究》科研成果集(十七卷)[C].北京:《教师教学能
力发展研究》总课题组,2018:1551–1554.

④ 吴丽瑶.小学低年级语文学业评价现状的调查研究[D].上海师范大学,2016:
33.

在评价过程中,他们形成较为一致的认识,不但需要教师的评价,而且需要小学生自评、同学互评以及家长参评,形成多方互动,也便于小学生及时发现问题并改正。

四、对既有研究的评价

通过对已有文献的学习和梳理可以发现,无论是对"未来教育"的研究,还是对"小学语文学业述评"的研究都有许多亮点,但是存在以下不足之处。

(一)研究有待系统化

无论是"未来教育"的研究还是"小学语文学业述评"的研究,都处于零星、零散的状态。关于"未来教育"的硕博论文少之又少,而对于"小学语文学业述评"的研究也很少。小学语文包含识字与写字、阅读、写作等五大内容,但是现有研究针对小学语文具体内容进行的研究非常少,缺乏针对性。大多研究者对于"未来教育""小学语文学业述评"的研究都处于浅尝辄止的阶段,不够深入,没有成熟的框架,缺乏用全面的眼光看问题。

(二)未来教育视角下语文学科学业述评研究尚不多见

从未来教育的角度,研究者极少对"小学语文学业述评"进行研究。本书将从未来教育的视角,对小学语文学业述评进行研究,加强此两者间的联系,为小学语文教师提供借鉴,进而促进小学生更好地满足未来的需求。

第二节　面向未来教育的小学语文学业述评原则

为了提高面向未来教育的小学语文学业述评的科学性,更进一步地提高述评效率,小学语文教师面向未来教育进行学业述评需要遵循面向未来原则、数据驱动原则、智慧创新原则、人机共融原则、泛在教育原则。

一、面向未来原则

教育是面向未来的事业。面向未来教育的小学语文学业述评不是面向过去而进行,而是结合未来教育发展的趋势与特征,面向未来而进行。当今时代,日新月异,新兴技术不断发展,教育教学手段与方法也需跟紧时代步伐。面向未来教育的小学语文学业述评需要培养受教育者适应当今以及未来教育的急剧变化,为受教育者未来更好地学习、工作、生活奠定扎实的基础,以满足未来社会所需人才的要求。

二、数据驱动原则

对于未来教育而言,"大数据""人工智能""人机共融"等字眼会频繁映入教师的眼帘。为提高小学语文学业述评的精准性,小学语文教师需要根据大数据技术所反馈的数据进行学业述评。大数据技术拥有记录、存储、分析以及可视化反馈等功能。小学生运用大数据技术进行学习,大数据技术则能够实时实地地检测与记录小学生的学习效果,还能够将数据、建议及时反馈给教师,教师得以根据数据进行小学语文学业述评。

三、智慧创新原则

在未来教育中,利用信息技术进行小学语文学业述评应是"智慧"的。人工智能并不只是始终停留在能存会算的计算智能阶段,还会经历能听会说、能看会认的感知智能阶段,以及能理解会思考的认知智能阶段。进行小学语文学业述评,教师能够运用感知智能进行情绪识别、行为感知以及注意力追踪等;还能够运用认知智能辅助进行学业述评,提升教师的教育智慧。[①]

---

① 祝智庭,彭红超.技术赋能智慧教育之实践路径[J].中国教育学刊,2020(10):1-8.

除此之外,面向未来教育的小学语文学业述评应非常重视提高小学生的创新意识以及增强其创新能力。唯有创新,打破固守老路、止步不前的局面,人类社会才能够进步。因此,从未来教育的视角而言,小学语文学业述评必须坚守智慧创新原则。

四、人机共融原则

在未来教育中,小学生所处的课堂将是人类教师与教育机器人共同协作而组成的"双师型课堂"。未来教育的基本特征将是人与智能技术的协同工作。人工智能是一种能够识别人类语言与图像,并能够以一种与人类智能相像的方式做出相应反应的智能机器。[①] 在某些方面,人工智能甚至超越人类智能。根据相关研究,人工智能将在未来取代众多工作岗位,教师的岗位却难以被取代。基于未来教育的视角,小学语文教师进行学业述评应遵循人机共融原则,实现人类与机器的互补互助。根据实际情况,适合机器去完成的事情留给机器去完成,适合人类去完成的则由人类来完成,适合人类与机器共同完成的则由两者共同完成,以实现人机共融,发挥智能机器对于小学语文学业述评的最大作用。

五、泛在教育原则

"泛在"显著表现为无所不在,"泛在教育"使小学生能够在任何时间与地点,学习任何内容。面向未来教育,小学语文学业述评需要遵循的"泛在教育原则"即为小学语文教师运用人工智能制定述评标准并指导小学生运用人工智能进行学习,人工智能则能针对小学生的学业表现进行实时实地的述评,教师也能够在网络终端获得人工智能所形成的可视化报告,对小学

---

① 毛刚,王良辉.人机协同:理解并建构未来教育世界的方式[J].教育发展研究,2021,41(01):16–24.

生的学业情况进行精准掌握,并视具体情况进行学业述评,以能够及时查缺补漏,提高教育教学效率。

第三节　面向未来教育的小学语文学业述评内容

一、小学语文识字与写字述评内容

识字与写字是小学语文学业述评的内容之一,而小学语文识字与写字述评内容包括识字质量、写字质量、写字习惯、识字写字数量、独立识字能力以及识字写字兴趣的述评。

(一)识字质量述评

根据《义务教育语文课程标准(2011 年版)》,教师不但需要考查小学生认清字形、读准字音、掌握汉字基本意思的情况,而且需要考虑小学生在具体语境中运用汉字的能力,以进行综合识字评价。[①] 除此之外,教师还要考查小学生是否能够建立汉字的音、形、义之间的紧密联系。[②] 值得注意的是,对小学生进行识字质量述评无须将汉字不常用之义以及难理解之义纳入述评的内容之中,只需述评小学生是否能够掌握汉字的基本意思。因此,对小学语文识字质量进行述评,教师要综合考查小学生是否能够认清字形、读准字音、准确理解汉字的基本意思,建立汉字的音、形、义之间的紧密联系,并且能够结合具体的语言环境运用汉字。

(二)写字质量述评

小学语文写字质量述评包括对汉字书写的笔画、笔顺、工整、美观进行

---

① 中华人民共和国教育部.义务教育语文课程标准(2011 年版)[M].北京:北京师范大学出版社,2012:28.

② 王琳.小学低学段识字教学策略研究[D].苏州大学,2017:8.

述评。在小学语文写字质量述评的过程中,教师要注意考查小学生是否准确掌握汉字的基本笔画,书写汉字的起笔、运笔、收笔是否准确,以及间架结构是否合理。当今,小学语文教师进行写字质量述评过于功利化,过于关注字形是否正确,形成小学生对汉字笔顺混乱的局面。因此,进行小学写字质量述评应更多关注小学生"怎么写"。下面是教师对小学生书写人教版语文一年级下册《姓氏歌》生字的写字质量述评:"你写的竖不够直,字宝宝有点站不稳咯!你注意到了藏锋,但是我们还应该注意汉字左右都有竖时,要'右长左短'哦!"

该教师既注意考查小学生书写的笔画、笔顺是否正确,又注意考查小学生书写的汉字间架结构是否合理,是对写字质量进行的述评。

(三)写字习惯述评

根据《义务教育语文课程标准(2011年版)》,小学语文教师需要对每一阶段的小学生都注重写字习惯的培养。通过对写字教学的观察,笔者发现"执笔姿势千奇百怪,写字坐姿东歪西倒"是小学生中的常见现象,这不仅影响汉字的框架结构,甚至影响小学生的身体健康发展。除此之外,活泼好动是小学生的显著特点,很多小学生一心二用,信笔涂鸦成为小学生的写字常态。进行写字习惯述评,要从小学生的执笔姿势到坐姿都进行严格考查,小学生书写的注意力集中程度也成为其考查内容之一。下面是教师对小学生书写人教版语文三年级下册《陶罐和铁罐》生字的写字习惯述评:"老师发现一个小秘密,只要你静下心来专注地写字,你的字就会漂亮很多呢!如果写字的时候,你的坐姿更端正,相信你下次写的字更能让老师眼前一亮哦!"

该教师既注意考查小学生的坐姿,又注意考查小学生书写的注意力集中程度,语言富有一定的激励性,是对写字习惯进行述评。

(四)识字写字数量述评

识字写字数量是小学生进行听、说、读、写的重要基础,识字与写字教学能为小学语文及其他学科奠定基础。为打破未充分考虑小学生的认知能力以及身心发展水平的"四会同步"的要求,《义务教育语文课程标准(2011年版)》坚持"识写分流"的识字、写字教学理念。进行小学语文识字与写字数量述评,教师一定要结合课程标准进行,避免盲目而缺乏科学性。

(五)独立识字能力述评

由于课堂时间有限,汉字教学则由课内延伸到课外,力求增加小学生的识字写字数量。无论在课堂上,还是在课堂外,教师都要培养小学生的独立识字能力,教会小学生识字方法会达到事半功倍的效果。在进行独立识字能力述评的过程中,教师要注重考查小学生如何独立识字,能否借助汉语拼音读准字音、能否运用汉字规律而独立识字、能否运用工具书独立识字等。简而言之,从不同方面考查小学生的独立识字能力,再进行述评。

(六)识字写字兴趣述评

兴趣是学习最强的推动力。进行小学语文学业述评必须注重对识字写字兴趣进行述评。在小学识字与写字教学过程中,教师习惯引导小学生机械地读、抄而记忆字音、字形,通过组词而理解字义。上述提及的方法,小学生深感毫无新意,不利于提高小学生识字与写字的兴趣。除此之外,教师因为缺少对文字学理论知识的学习并且追求教学速度,汉字教学存在随意性的问题,小学生越学越疑惑,难以自主理解字词的意思,逐渐减弱识字兴趣。面对存在的问题,在进行述评的过程中,教师要注重考查小学生是否喜欢学习汉字并对汉字有着非常浓厚的兴趣,再者考查小学生是否有自愿识字、写字的意识或者习惯,尤其对于一二年级的小学生而言。

二、小学语文阅读述评内容

小学语文阅读述评内容包括对阅读能力、阅读方法、阅读数量以及阅读情感态度进行述评。

（一）阅读能力述评

小学语文阅读能力包括阅读理解能力、阅读鉴赏能力、阅读创造能力。阅读理解能力是在感知语言文字符号的基础上，读者利用现有知识对文本的字、词、句、段、篇的认知以及提取文本意思的能力。[①] 根据《义务教育语文课程标准（2011 年版）》，进行阅读理解能力述评，教师要考查小学生是否能够联系上下文以及生活实际理解文本表达之意、体会文章重要词句表情达意之用并运用其理解文章，还要考查小学生是否能够把握文章主旨、领悟文章结构以及基本表达方法等。[②] 阅读鉴赏能力是对阅读文本进行辨别、判断、评价的一种能力。对阅读鉴赏能力进行述评，可从以下角度进行：能否赏析出关键词句所表达的内涵及其效果、能否准确鉴赏作品的人物形象、是否能对文章的主要观点进行评价等。对阅读创造能力进行述评，教师应考查小学生是否能够在理解、赏析原文的基础上，得出创造性见解与认识。值得注意的是，对阅读能力进行述评，要充分考虑小学生的认知水平，应根据课程标准提高述评的科学性。下面是教师对小学生学习人教版语文二年级上册《坐井观天》的阅读能力述评："你能够联系生活实际理解井沿、大话、无边无际的意思，还能理解青蛙和小鸟三次对话的含义，并能够较为准确地揭示寓意而对其进行评价，你的阅读能力明显得到增强，继续加油哦！"

此述评是针对小学生的阅读能力而进行的，教师注意到小学生能够联系生活实际理解词语的意思，体会文章重点词句所表达之意并利用其理解文章、把握主旨。除此之外，教师还注意到小学生能够对文章的寓意进行评价并提出创造性见解。

---

①　崔海峰.小学生语文阅读能力的要素、结构、层次及其培养研究[D].南京师范大学,2007:2.

②　中华人民共和国教育部.义务教育语文课程标准(2011年版)[M].北京:北京师范大学出版社,2012:8,13,29.

(二)阅读方法述评

诵读、默读、精读以及略读是小学生常用的阅读方法。不同的阅读方法,其作用有所不同,教师对阅读方法进行述评的角度也相应不同。对于诵读进行述评,不仅要考查小学生声音是否清晰响亮,还要考查小学生的声音能否根据对文本的理解而抑扬顿挫等;对默读进行述评,要考查小学生默读的方法、用时以及效果等;对精读进行述评,要重点考查小学生对文本的理解、对作者所表达的思想感情的掌握以及是否能够提出创造性的认识与见解;对略读进行述评,则重点考查小学生能否掌握文章的大意。

(三)阅读数量述评

对小学语文阅读进行述评,不仅要关注阅读的质量,还要关注阅读的数量。《义务教育语文课程标准(2011 年版)》对每一个小学阶段的学生都做出明确要求,规定其需要背诵的优秀诗文量以及课外阅读总量。小学语文教师进行阅读述评,要将小学生阅读数量情况与课程标准的阶段目标进行对比,提高述评的准确性。

(四)阅读情感态度述评

阅读情感态度述评包括对小学生阅读兴趣、阅读习惯、阅读情感体验进行述评。对阅读兴趣进行述评,小学语文教师需要考查小学生阅读欲望以及自主阅读的强弱程度、阅读倾向的情况等。对阅读习惯进行述评,小学语文教师需要考查小学生阅读笔记、每日阅读时长、交流阅读感受等情况。小学语文教师还要考查小学生的阅读情感体验情况,考查其对于文学作品中的情节、人物形象是否有独特的感受,是否能够从优秀作品中受到熏陶。

基于以上的考查,教师再进行述评。下面是教师对学习人教版语文五年级上册以"读书明智"为主题单元的小学生进行阅读情感态度述评:"从你的阅读记录来看,老师发现你每天都能坚持阅读并且认真撰写阅读笔记,自身对小说的人物形象也有独特的见解,可以看出你是个爱读书的孩子,你是最棒的阅读之星呀!"

在仔细考查小学生阅读欲望以及自主阅读的强弱程度、每日阅读时长、对文学作品中的人物形象是否有独特的感受等情况后,教师针对考查情况进行述评,该述评则属于阅读情感态度述评。

三、小学语文写作述评内容

小学语文写作述评的内容主要包括对审题与逻辑结构、内容新颖程度与真实性、语言文字运用能力、情感与态度进行述评。

(一)审题与逻辑结构述评

审题是小学写作教学的首要阶段,而"跑题"却是小学生常犯的错误。在动笔写作之前,审题是非常重要的一环,审题能够确定写作的主题与内容。对小学语文写作进行述评,首先要考查小学生是否明确写作要求,写作内容的对象、时间以及重点等是否有偏差。

写作的逻辑结构是文章的支撑,可体现小学生的逻辑思维能力。写"流水账"同样是小学生常犯的毛病,此类文章毫无主题,是写作的大忌。对写作的逻辑结构进行述评,需要考查小学生是按何种结构进行写作,写作是否符合逻辑;是否能够分清主次,详略得当。教师需要在阅读写作内容的基础上,对小学生写作的逻辑结构进行述评。下面是教师对人教版语文四年级下册小学生撰写的第五单元习作"游_____"进行逻辑结构述评:"在描写五彩田园的时候,你不管是描写展示馆的琳琅满目,还是描写荷塘的美丽景色,都花了很多笔墨。如果你能够按照游览的顺序介绍五彩田园,重点写印象深刻的景物,分清主次、详略得当就更棒啦!"

在考查学生按照何种顺序进行写作、是否符合逻辑、能否分清主次而突出重点等情况后,该教师再有针对性地进行述评,是对小学生写作的逻辑结构进行述评。

（二）内容新颖程度与真实性述评

在写作选材方面，小学生存在不少"套路"，一阵阵"让座风""夜晚送医风"以及"雨中送伞风"刮起。由于不善于积累日常生活素材，学生只能选取陈旧而缺乏真实性的素材进行胡编乱造。对写作内容是否新颖、具备真实性进行述评，小学语文教师要考查学生是否能够运用富有新意的素材、写作内容是否符合实际情况并且体现真情实感，依据考查的结果，进行叙述性评价。下面是教师对学生习作内容的新颖真实性进行的述评："文章的素材以及灵感均源于真实生活，新颖而有趣，非常吸人眼球，很棒！该学生以《爱剪发的妈妈》为题，以爱剪头发的妈妈因剪吊兰而闯祸作为开头，引人入胜。"

在考查学生是否运用富有新意的写作素材、写作内容是否真实而体现真情实感后，教师再针对考查情况进行述评，是对学生写作的内容新颖程度与真实性进行述评。

（三）语言文字运用能力述评

小学生写作的过程是运用语言文字的过程。对语言文字运用能力进行述评，小学语文教师需要考查学生是否能够根据实际情况，运用常见的表达方式以及修辞手法、日常积累的写作素材进行文从字顺的表达。除此之外，还要着重对学生运用标点符号的情况进行考查，最后再进行述评。下面是教师对学生写作的语言文字运用能力进行述评："通过阅读你的习作，老师发现你能够用上很多成语，却很少运用常见的表达方式与修辞手法。你如果能够运用已学过的动作描写、语言描写、神态描写或者比喻、夸张等修辞手法进行写作，注意句与句之间要用标点符号隔开，还能够获得更大的进步哦！"

通过考查学生是否能够运用常见的表达方式与修辞手法、能否正确使用标点符号进行文从字顺的表达后，教师再根据考查的实际情况进行述评，是对小学生写作的语言文字运用能力进行述评。

(四)情感与态度述评

学生写作的情感与态度会极大影响写作内容的创新性与丰富性。写作情感与态度述评包括对学生写作的兴趣、胆量以及习惯进行述评。

"作文难写"已成为小学生的共识,很多学生抵触、厌恶写作,而写作兴趣却正好是学生写作的动力来源。对学生写作的兴趣进行述评,要考查学生是否乐于书面表达。

小学生大胆写作能够提高内容的饱满度、增强内容的真实性,对学生写作的胆量进行述评,要考查学生是否敢说真话、心里话;勇于以任何形式表达自身所见、所闻、所想、所感等,进而针对考查的内容进行述评。

培养学生良好的写作习惯能够对提高学生的写作水平起到事半功倍之效。"无材可用"成为学生写作最大的烦恼。因此,对写作习惯进行述评,首要考查学生日常是否善于观察并记录、勤于阅读并摘抄好词佳句。"好记性不如烂笔头",写作还重在多动笔,所以写作习惯述评还包括考查学生日常是否能坚持写随笔、日记,将灵感及时记录而勤于动笔。除此之外,很多学生对于写作还持有敷衍的态度,不想改、不愿改、不会改成为常态,对写作习惯进行述评还要考查学生能否运用修改符号对写作内容加以修改、字迹是否工整、卷面是否整洁,再进行述评。

四、小学语文口语交际述评内容

小学语文口语交际述评的内容包括对倾听与获取能力、交流与表达能力、表现性行为进行述评。

(一)倾听与获取能力述评

口语交际的过程是人与人之间倾听、表达与交流的过程。根据《义务教育语文课程标准(2011 年版)》,培养倾听与表达能力是每学段的目标。对倾听与获取能力进行述评,要考查学生是否能够耐心与完整地倾听讲话、是否能够适时适度地做出相应的反应、是否能够抓住讲话要点而理解讲话内容并做简要转述等,再针对考查情况进行述评。下面是教师给学生的倾听与获取能力述评:"小芝,你认真倾听的样子真美!你还能够准确理解同学们讲话的内容,真的非常不错!如果在转述的时候,你能够再注意一点人称的转换,那就更好啦!"

在考查学生是否能够耐心而完整地倾听讲话、是否能够理解讲话内容、是否能够进行简要转述后,教师再有针对性地进行述评,该述评属于倾听与获取能力述评。

(二)交流与表达能力述评

听与说是人与人交往的重要组成部分,交流与表达能力述评则是小学语文口语交际述评的重要内容。对交流与表达能力进行述评,教师要综合考查学生是否能够运用普通话就交流主题而发表自身见解、准确而清晰响亮地发音、表意清楚、语速适中、语言符合场合等,再进行述评。[①] 下面是教师对学习人教版语文五年级上册第一单元以"制定班级公约"为主题的口语交际的学生进行交流与表达能力述评:"老师为你能够用响亮而流利的普通话紧紧围绕'制定班级公约'的主题清楚地发表自身的意见,感到十分高兴。如果你能够放慢一点语速就更棒啦!"

在考查学生能否运用普通话就口语交际的主题而发表自身意见、发音是否准确并清晰响亮、语速是否适中等情况后,教师再针对考查情况进行述评,该述评属于交流与表达能力述评。

(三)表现性行为述评

口语交际的表现性行为指学生通过口语交际,表现出的各种行为。根据《义务教育语文课程标准(2011 年版)》,学生要有自信心、态度自然而大

---

① 胡瑛.小学语文口语交际能力评价指标体系的构建[J].教育导刊,2006(08):20-21.

方地表达,还要文明用语、积极讨论并敢于发表自身看法,以展现自身饱满的精神状态。① 对表现性行为进行述评,要根据上述方面的考查情况进行述评。

五、小学语文综合性学习述评内容

小学语文综合性学习述评的内容包括语文综合运用能力述评、合作态度与积极性述评、探究精神与能力述评以及成果展示能力述评。

(一)语文综合运用能力述评

根据《义务教育语文课程标准(2011 年版)》,语文综合运用能力是综合性学习述评重点考查的内容之一。② 小学语文综合性学习的过程是学生学用语文的过程。对语文综合运用能力进行述评,教师要重点考查学生运用语文知识、听说读写能力解决实际问题的水平。

(二)合作态度与积极性述评

自主性是语文综合性学习的特征之一,教师的角色是"引导者",而并非"包办者"。综合性学习有着明确的主题,学生通常围绕母主题而自主设计若干子主题,再分组对子主题进行探讨与研究,最终小组间进行交流汇报,解决实际问题。在综合性学习过程中,教师要注重培养学生自主设计、组织与实施活动的能力,而较为复杂的学习活动需要生生间、师生间、校内外间合作才得以完成。③ 因此,进行小学语文综合性学习述评要考查学生是否积极参与合作学习的过程,为解决实际问题出言献策,推进综合性学习的开

---

① 中华人民共和国教育部.义务教育语文课程标准(2011 年版)[M].北京:北京师范大学出版社,2012:9,14.
② 中华人民共和国教育部.义务教育语文课程标准(2011 年版)[M].北京:北京师范大学出版社,2012:31.
③ 周来宏,邵龙霞.试论小学语文的"综合性学习"[J].现代教育科学,2003(08):43-45,35.

展。下面是教师对学生参与综合性学习的合作态度与积极性进行的述评:"看到你和同学们积极讨论,老师真得非常高兴! 你能够为了解决小组面临的实际问题而开动小脑袋想各种办法,不愧是咱们班的'小聪明',继续加油哦!"

在考查学生是否积极参与合作学习的过程,是否为解决实际问题而开动脑筋想办法后,该教师再针对考查的具体情况进行述评,属于合作态度与积极性述评。

(三)探究精神与能力述评

小学语文综合性学习的流程通常为提出问题、参与活动、探究研讨以及解决问题。[①] 探究精神与能力关乎综合性学习能否顺利进行,对其进行述评是小学语文综合性学习述评不可缺少的部分。对探究精神和能力进行述评,要重点考查学生能否针对提出的问题,结合已有知识和经验提出假设;能否多角度收集资料,并运用恰当的方法对其加以整理与分析;能否运用书面或者口头的形式将探究结果进行简要阐述。值得注意的是,语文课程标准建议教师对学生的创新精神加以培养,因此教师要着重考查学生解决问题的思路和方法是否具有创新性。

(四)成果展示能力述评

根据《义务教育语文课程标准(2011 年版)》,教师要对学生综合性学习成果展示的情况进行述评。对成果进行展示,涉及小组分工、形式选择以及内容选取等方面。由于学生的表现欲望不一,小组对成果展示的分工难免失之偏颇;展示形式多种多样,学生常犯的毛病就是按照固定思维,懒于创新,展示形式老旧;综合性学习涉及的内容非常广,学生成果汇报的内容易出现主次不分,甚至脱离主题的现象。因此,教师需要对学生展示成果的小组分工、展示形式选择以及汇报内容选取的情况进行述评。除此之外,在成

---

① 祝桂兴."语文综合性学习"课程特性及实施策略[J].教育评论,2015(05):138-140.

果展示过程中,学生的表现(表达情况、自信状态、环节衔接等)也成为述评内容之一。

第四节　面向未来教育的小学语文学业述评实现方式

一、小学语文识字与写字述评实现方式

根据《深化新时代教育评价改革总体方案》的要求,进行小学语文学业述评要充分利用信息技术。明确面向未来教育的小学语文学业述评内容之后,重中之重是考虑其实现方式。随着信息技术的发展,智能识别、数据追踪、个性报告成为面向未来教育的小学语文识字与写字述评的实现方式。

(一)智能识别

智能机器能够模拟人的感知能力,能够识别图像、语音以及表情等。为遵循人机共融原则,小学语文教师进行学业述评时不妨恰当运用智能机器对学生的学业表现进行识别,为述评奠定基础。在进行小学语文识字与写字述评的过程中,智能机器可以运用语音识别功能实时实地识别汉字的读音是否准确;根据教师设定的模式判断学生能否认出目标汉字并且"闻其声或见其形,而知其义";运用自然语言处理技术的功能,鉴别学生能否准确运用汉字进行造句。除此之外,智能机器还可以运用感知行为功能识别学生书写汉字的笔画和笔顺、执笔姿势与写字坐姿等行为是否正确;运用图像识别功能识别学生书写的汉字是否工整与美观;甚至可以运用情绪识别功能,通过学生的表情识别识字与写字的情绪、注意力集中程度。至于独立识字能力述评,除了可以引导学生主动运用智能机器记录自身独立识字的方法,还可以运用智能机器的图像识别与感知行为功能观察与记录学生如何独立识字,以考查学生独立识字的能力。

（二）数据追踪

数据包括图像、音频、文本等。在智能识别后，智能机器将识别获得的图像、音频以及文本等数据进行实时实地的存储。大数据技术将对智能机器所存储的数据进行分析与整合，更便于为教师进行述评提供支撑性材料。在识字与写字的过程中，小学生每天都会认识、练写不同的汉字，智能机器将储存大量识字与写字教学过程的数据，教师可实时进行追踪。如果教师只能查阅智能机器储存的最原始数据，将要花费大量的时间以及精力，因此，他们更偏向于看大数据技术处理过后形成的数据，例如学生读错某个音节的次数、认错某个字的次数以及写错某个笔画的次数等。因此，数据追踪将会为小学语文教师进行学业述评奠定扎实的基础。

（三）个性报告

个性化是未来教育的显著趋势，而个性报告也是基于未来教育的小学识字与写字述评的实现方式之一。与"一刀切"的整齐划一相比，未来教育的学业述评更具有针对性、更个性化。大数据技术能够将学生当前与以往的识字与写字学习水平进行对比，对学生的学业情况进行诊断与反馈，形成的个性化报告具有极强的针对性。

基于未来教育的小学语文识字与写字述评，教师可根据个性报告所呈现的信息，进行借鉴与斟酌，最后再述评。

二、小学语文阅读述评实现方式

面向未来教育的小学语文阅读述评实现方式包括智慧判断、数据评估、线上考试以及精准报告。

（一）智慧判断

人工智能可以延伸人的智能，同样也拥有智慧判断的能力。智能机器能够运用语音识别功能与自然语言处理技术判断学生对阅读内容的理解、鉴赏的准确情况,以及学生的阅读创造的新颖、合理情况;运用语音识别功能判断学生阅读的声音是否准确清晰、抑扬顿挫;运用图像识别功能,判断学生理解阅读内容、把握文章主旨、分析文章结构以及人物形象准确与否等;运用感知行为功能,感知判断学生能否做到默读不出声、不指读,是否养成边阅读边思考边做笔记的习惯,是否乐于与他人交流阅读感受。除此之外,还可以运用情绪识别功能,判断学生对于阅读是有浓厚的兴致还是被迫无奈、是否能与优秀作品中的人物共情等。

(二)数据评估

无论对什么内容进行述评,教师都要讲究依据。小学语文教师进行阅读述评也需要依据的支撑,讲究述评的真实性与科学性。未来教育视角下小学语文阅读述评的"依据"是什么? 是智能机器实时监测所获取的图像、音频以及数字等数据。教师可以随时查看智能机器储存的海量数据,但未经系统分析的数据将会令教师眼花缭乱,因此大数据技术对小学语文学业述评有着功不可没的作用。大数据技术对小学语文阅读教学的海量数据归类、分析与反馈,根据所获数据评估学生的小学语文阅读能力、方法、数量以及情感态度等,并将结果反馈给教师,教师得以实时掌握学生的阅读情况。

(三)线上考试

随着信息技术的发展,人工智能能够基于知识规则自动生成试题,试题范围可以涵盖各知识组合以及应用情境,能够更好地诊断学生是否掌握核心知识。[①] 由于学生日常的阅读活动较为零散、缺乏针对性,由此可以运用人工智能根据学生个人学习特征进行线上出题以及批阅,并将自动批阅形成的数据进行分析,更进一步检测学生的阅读情况,为述评提供更科学准确的依据。

---

① 余胜泉.人工智能教师的未来角色[J].开放教育研究,2018,24(01):16-28.

(四)精准报告

对小学生的语文阅读情况进行智慧判断、数据评估之后,小学语文教师将得到学生阅读情况的可视化报告。鉴于学生随时随地都可能进行阅读,存在阅读的随意性,因此获得的阅读情况报告的科学性有待提高。为提高小学语文阅读述评的科学性,教师将运用人工智能进行自动出题与批阅,进一步考查学生的阅读情况,最终运用大数据技术的分析与反馈功能形成精准、详细的可视化报告,为述评提供科学准确的依据。

三、小学语文写作述评实现方式

面向未来教育的小学语文写作述评实现方式包括智能批改、可视化反馈以及电子成长足迹袋。

(一)智能批改

通过扫描图片、智慧识别以及提取特征等环节,作文批改机器人能够结合评分标准对作文的主题、逻辑结构、语言文字运用、卷面整洁程度等进行打分以及给出评语,为教师进行小学语文写作述评提供客观准确的支撑性材料。

除此之外,作文批改机器人还能够运用智能感知的情绪识别功能对学生的写作兴趣进行考查,运用感知行为功能考查学生是否善于观察、勤于阅读与动笔,为教师进行述评提供更完善的材料。

(二)可视化反馈

作文批改机器人能够根据学生每一次的写作情况进行打分与给出评语。但每一次写作的具体情况总会有所差异,教师想对学生某个阶段的写作情况进行述评,则可以运用大数据技术对作文批改机器人所采集到的数据进行整合、分析以及反馈。通过图表以及文字的形式,形成可视化反馈,让教师述评做到"有据可依"。

(三)电子成长足迹袋

小学语文写作述评得到大数据技术提供的全面数据支持,学生写作过程和结果的所有数据都将存储到个人电子成长足迹袋。[①] 通过查阅电子成长足迹袋,教师可以了解学生每个阶段的写作情况,将写作的情况进行全面对比,可以对其进行综合性评价。

四、小学语文口语交际述评实现方式

面向未来教育的小学语文口语交际述评实现方式包括教师实地诊断、智能音频辨别以及人机协同报告。

(一)教师实地诊断

小学语文口语交际是多方学生围绕某一主题进行交流与互动的过程。在口语交际的过程中,小组讨论成为常见的组织方式,组与组之间存在互相干扰的可能性。

智能机器面对多方进行交流互动的情况,会遇到多种无法识别的情况,存在极大的不确定性,因此需要教师进行实地诊断。在口语交际过程中,教师要根据述评内容有针对性地进行考查并做好记录,为最终的述评奠定基础。

(二)智能音频辨别

由于参与口语交际的人数众多,教师无法实时记录每一位学生的表现,而智能机器则能为教师进行述评助力。运用人脸识别功能以及大数据技术,智能机器可以将学生的表现进行单独储存、分析与反馈;运用语言识别功能以及自然语言处理技术,辨别学生是否能够理解讲话内容、围绕主题发表自身见解、用准确而清晰响亮的发音做出回应;除此之外,还能够运用感

---

① 杨现民,王榴卉,唐斯斯.教育大数据的应用模式与政策建议[J].电化教育研究,2015,36(09):54-61,69

知行为功能辨别学生是否能够自信发言,自然大方地积极参与到讨论的过程当中。由于智能机器会受到多因素的干扰,因此教师也需要结合智能机器所存储的音频,以提高述评的科学性。

(三)人机协同报告

限于教师个人实地无法兼顾到每位学生口语交际的表现,教师实地诊断的记录只能作为述评的支撑材料之一。在实时监测的过程中,智能机器又会受到多方面干扰因素的影响,形成的报告难免缺乏科学性。因此,需要教师根据实地诊断的记录以及智能机器反馈的报告,再结合智能机器录制的音频解决疑惑之处,对智能报告进行修改,形成人机协同报告而进行述评,遵循人机共融原则。

五、小学语文综合性学习述评实现方式

面向未来教育的小学语文综合性学习述评实现方式包括教师实时记录、智慧实地识别、电子成长记录袋以及个性化定制报告。

(一)教师实时记录

在综合性学习的过程中,学生往往需要运用语文综合能力制订并汇报活动计划,教师可以对学生的语文综合运用能力、研究假设、解决问题的思路和方法等进行考查以及记录。鉴于每组学生研究思路都有所差异,活动地点也具有极大的灵活性,因此教师并非能跟进每一组学生进行研究,只能记录个别组的研究情况。在成果展示阶段,学生往往要交代清楚研究过程并展示作品,教师即可对学生的合作态度与积极性、探究精神与能力、成果展示情况等进行述评。限于教师未能实时跟进学生综合性学习的过程,学生汇报的内容可能缺乏真实性,因此需要智能机器跟进活动过程,辅助学业述评的进行。

(二)智慧实地识别

在综合性学习过程中,教师运用人工智能辅助学业述评的环节主要是

学生的探究环节。探究环节常以小组形式在课堂之外进行,每组活动地点有别,因此教师无法实时实地跟进。人工智能则能够运用人脸识别功能以及大数据技术,对学生的个人表现进行储存和分析。语文综合运用能力述评是综合性学习述评的重中之重,人工智能运用自然语言处理技术、图像识别以及语音识别功能对学生的语言进行处理与识别,进而判断学生语文综合运用能力的水平并做出反馈。在学生探究的过程中,人工智能则运用感知行为功能和图像识别功能,对学生收集、整理和分析材料的过程进行识别与判断。除此之外,人工智能还可以运用情绪识别功能对学生是否积极参与小组合作探究的过程、是否能够自信展现成果等进行识别。

进行实地识别过程中,智能机器所记录的数据将储存到学生个人电子成长记录袋,为对学生进行学业述评提供大量支撑性材料。

(三)电子成长记录袋

电子成长记录袋将会储存学生个人综合性学习过程的数据,既包括智能机器记录的数据,又包括以往教师对于学生综合性学习的述评。大数据能够对成长记录袋所储存的材料进行分类整理与分析,将学生综合性学习的情况进行综合性对比,从而形成可视化报告。电子成长记录袋既能够提供大量真实性材料,又能够为教师进行述评提供参考与借鉴。

(四)个性化定制报告

为遵循人机共融原则,实现智能机器与人类的互补,教师将结合自身所做的记录以及观察,对大数据技术分析电子成长记录袋所存储的数据而形成的可视化报告中有异议的地方进行修改,以形成充分结合学生实际情况的个性化定制报告。

第六章

基于核心素养的小学数学学业述评

第一节　既有研究

一、相关概念

(一)数学核心素养

《义务教育数学课程标准(2022 年版)》指出小学数学核心素养为数感、量感、符号意识、运算能力、几何直观、空间观念、推理意识、数据意识、模型意识、应用意识、创新意识。[①] 笔者根据数学内容中"数与代数""图形与几何""统计与概率""综合与实践"四大板块,从 11 个核心词中选取概括性强、覆盖面广的五大核心词,即"运算能力、几何直观、数据意识、模型意识、推理意识"作为本书小学数学核心素养探讨的重点。

(二)小学数学学业述评

小学数学学业述评,即教师以叙述性的方式评价学生数学学习情况。述评时,在熟悉学生数学学习现状的前提下,在数学课上或课后,通过写评

[①]　中华人民共和国教育部.义务教育数学课程标准(2022 年版)〔M〕.北京:北京师范大学出版社,2022:7.

语或者口头点评的方式,指出学生数学学习的优点和不足。

二、国内外研究现状

梳理现有文献,与本书相关的研究主要体现在以下两个部分。

(一)关于核心素养及数学核心素养的研究

1. 关于核心素养的国内外研究

为落实核心素养的需要,我国学者先后对核心素养的框架展开探究。2016 年的《中国学生发展核心素养》对核心素养的体系做出了较全面的概述。这是目前我国学者们较为认同的中国核心素养框架体系。这项研究强调,将培育"全面发展的人"视为中国青少年学生发展核心素养的一项重要核心目标。① 此外,钟启泉认为,"核心素养是指学生通过在学校中接受教育,进而养成的解决问题的素养与能力"②。窦桂梅认为,"核心素养是知识、是能力、是态度。它能在特定的时间内,帮助个体自我实现、幸福生活与适应社会。它是十分关键和重要的"③。西方多个国家及地区阐述了核心素养的含义,国外对于核心素养具体含义的解释各不相同。但其核心都聚焦于"培养什么样的人"。④

2. 关于数学核心素养的国内外研究

国内对于数学核心素养的探究可以看作是核心素养在数学这一学科板块的拓展。《义务教育数学课程标准(2011 年版)》首次提出发展学生"数学

---

① 林崇德.构建中国化的学生发展核心素养[J].北京师范大学学报(社会科学版),2017(259):66-73.

② 钟启泉.核心素养的"核心"在哪里[N].中国教育报,2015-04-01(007).

③ 窦桂梅.聚焦完整人的核心素养:清华附小"1+X课程"亮点[J].北京教育,2014(10):12-13.

④ 丁福军.核心素养视域下小学数学课程实施现状个案研究[D].江西师范大学,2018:5.

素养"。① 《义务教育数学课程标准(2011 年版)》提出数感、符号意识、空间观念等十个核心概念。这十个核心词其实就体现了数学核心素养的培养要求。② 周淑红、王玉文基于这十大核心词,将小学数学核心素养界定为运算能力、空间观念、数据分析、模型思想、推理能力。③ 孔凡哲、史宁中指出学生数学发展包括数学抽象、数学推理、数学建模、直观想象、运算、数据分析观念这六大关键能力。④ 2022 年教育部颁布的《义务教育数学课程标准(2022 年版)》将小学数学核心素养归纳为 11 个核心词,分别是数感、量感、符号意识、运算能力、几何直观、空间观念、推理意识、数据意识、模型意识、应用意识、创新意识。⑤ 在国外,关于数学核心素养含义的说法有很多。其中最早的是,在 1959 年英国发表的《克劳瑟报告》中,提出了最早的数学核心素养的含义,即数学的读写能力。⑥ 后来杰罗尔德·卡赖亚斯教授提出数学素养旨在强调日常数学生活中的应用、数学的量化和关系等。⑦ 美国的国家数学研究委员会在 2001 年指出数学素养可以超越理解、解答、计算和推理,同时涵盖了自身对数学的看法。⑧ 国外研究中对数学素养的定义逐渐引起人们对合格公民在训练中的用处的关注,对数学素养的含义的解释也各有千秋。

---

① 于嘉文.基于数学核心素养的小学数学教学改革实践研究[D].沈阳大学,2018:9.

② 中华人民共和国教育部.义务教育数学课程标准(2011 年版)[M].北京:北京师范大学出版社,2011:5-7.

③ 周淑红,王玉文.小学数学核心素养的特质与建构[J].数学教育学报,2017,26(03):57-61.

④ 孔凡哲,史宁中.中国学生发展的数学核心素养概念界定及养成途径[J].教育科学研究,2017(06):5-11.

⑤ 中华人民共和国教育部.义务教育数学课程标准(2022 年版)[M].北京:北京师范大学出版社,2022:7.

⑥ 黄友初.欧美数学素养教育研究[J].比较教育研究,2014,36(06):47-52.

⑦ 陈蓓.国外数学素养研究及其启示[J].外国中小学教育,2016(04):17-23,16.

⑧ 陈蓓.国外数学素养研究及其启示[J].外国中小学教育,2016(04):17-23,16.

其中,更具特征的是基于数学知识、能力、情感态度和价值观的分类。①

(二)基于核心素养的小学数学学业评价研究

国内关于核心素养的研究发展较慢,但是一些国内学者在借鉴国外研究成果的基础上正在逐步获得进展。

1. 基于核心素养的小学数学学业评价理论研究

王光明、卫倩平、赵成志指出,真正提高核心素养,这与评估领域核心素养要求的实施密不可分。无论是核心素养的目标追求还是其固有特征,都表明在核心素养评估中必须强调跨学科能力。② 在核心素养的指导下,辛涛、姜宇指出,课程改革应侧重于基于学科的学生发展,侧重于跨学科的整合,并将质量指标纳入课程。③

2. 基于核心素养的小学数学学业评价实践研究

杜玲玲、吕晓丽指出,评价学生时要检测学生使用学过的学科知识与技能,不断地积累和表现,进而培养学生发现和解决问题的能力,而不是考查浅显的知识与技能。④ 杨向东指出,必须根据个人在特定任务中的实际表现来推断其核心素养和水平。为了肯定这种推测的规范性,有必要在测得的核心素养与个人在特定任务上的实际表现之间搭建联系。⑤

三、对既有研究的评述

综合分析上述各专家学者的观点,笔者得出以下结论。

---

① 全婷.基于数学核心素养的小学数学课堂教学策略研究[D].内蒙古师范大学,2018:4.

② 王光明,卫倩平,赵成志.核心素养视角下的跨学科能力测评研究[J].中国教育学刊,2017(07):24-29.

③ 辛涛,姜宇.基于核心素养的基础教育评价改革[J].中国教育学刊,2017(04):12-15.

④ 杜玲玲,吕晓丽.学生核心素养与教育评价改革——中国教育学会基础教育评价专业委员会 2016 年学术年会综述[J].教育测量与评价,2016(12):9-16.

⑤ 杨向东.核心素养测评的十大要点[J].人民教育,2017(03-04):41-46.

（一）数学核心素养方面

《义务教育数学课程标准（2022 年版）》明确指出小学数学核心素养为数感、量感、符号意识、运算能力、几何直观、空间观念、推理意识、数据意识、模型意识、应用意识、创新意识。笔者在本文重点讨论其中运算能力、几何直观、数据意识、模型意识、推理意识这五个方面，为本书之后提出小学数学学业述评指标提供了理论支撑和实践铺垫。

（二）小学数学学业述评方面

基于核心素养的学业评价虽然有了一些理论与实践研究的成果，但它们是较为浅显的，小学数学学业述评的研究就更为稀缺。这就要求小学数学教师和教育研究者们进行更深入的研究，去创新小学数学学业述评。自2020 年 10 月，我国倡导学业述评后，学者们纷纷展开研究和尝试，但还是有一些问题仍需探究和解决。如小学阶段核心素养还没有明确的述评指标，数学核心素养和学业述评还没有较好的结合，等等。故此，本书将基于核心素养去研究小学数学学业述评，为小学数学学业述评研究添砖加瓦。

第二节　基于核心素养的小学数学学业述评的指标探究

一、运算能力的概述

（一）运算能力的内涵

运算能力是一种数学学习的基本能力，是在习得运算法则和运算规律的前提下形成的准确运算的能力。[①] 注重学生运算能力的习得有利于学生

[①] 中华人民共和国教育部.义务教育数学课程标准(2011 年版)[M].北京:北京师范大学出版社,2011:6.

理解算理,掌握算法。

(二)运算能力的阶段

运算能力发展包括三个阶段。第一阶段,掌握算理,能记忆并理解算理,了解算法;第二阶段,掌握算法,能掌握运算的基本变形方法,解决简单的计算问题;第三阶段,学会迁移,能综合运用多个运算公式,解决除常规计算问题以外的问题。

(三)运算能力的述评指标

运算能力的三个阶段可以分别将其定义为运算算理、运算算法、综合运算,也作为运算能力的二级述评指标。运算能力的述评指标如表6-1所示。

表6-1　运算能力的述评指标

运算能力的述评指标	具体含义
运算算理	学生掌握计算过程中的方式方法,能口头描述算式算理
运算算法	学生在掌握算理的基础上,理解运算的多种方法,明白用该方法的原因,并能用不同的方法解决简单的计算问题
综合运算	学生在掌握算理和算法的基础上,能在解决数学问题时,准确选择运算方法,设计运算过程,并得到运算结果

二、几何直观的概述

(一)几何直观的内涵

几何直观是借助图形去解释题目信息,进而分析和解决问题。在遇到复杂的数学问题时,学生可以用学过的几何直观的方法,通过图形,把复杂的问题变得直观。[①]

（二）几何直观的阶段

小学生几何直观能力发展主要包括以下四个阶段。第一阶段,认识与感知图形,这一阶段需要借助实物图形;第二阶段,识别并把握图形特征,学生在这一阶段能够作图;第三阶段,建立表象,感知关系,这一阶段学生能意识到图形间的关系;第四阶段,建立图形与数量关系的联系,能通过几何图形探究数学问题。[②]

（三）几何直观的述评指标

几何直观的四个阶段可以分别将其定义为认识图形、把握图形、感知关系、建立联系,也作为几何直观的二级述评指标。几何直观的述评指标如表6-2所示。

表6-2　几何直观的述评指标

几何直观的述评指标	具体含义
认识图形	学生能认识基本的几何图形,感受基本几何图形的形状,但学生不能做出一个相同形状的几何图形,只能从整体上观察几何图形的大小、形状
把握图形	学生能从几何图形的性质出发进行分析,能区分几何图形,能够作图
感知关系	学生可以领悟到图形之间的关系,可以直观地感知几何图形的性质及图形与图形之间的数量特征[③]
建立联系	学生能通过几何图形探究简单的数学问题,让学生建立起数学概念和数量间的关系

① 中华人民共和国教育部.义务教育数学课程标准(2011年版)[M].北京:北京师范大学出版社,2011:6.
② 李习超.小学阶段几何直观概念的发展及培养研究[D].中央民族大学,2018:26.
③ 李习超.小学阶段几何直观概念的发展及培养研究[D].中央民族大学,2018:26.

三、数据意识的概述

（一）数据意识的内涵

数据意识主要是指对数据的意义和随机性的感悟。[①] 数据分析是在调查生活问题时,通过收集足够的数据,根据不同的问题,选择适当的分析方式,最后做出判断,得出结论的过程。通过数据分析体会随机特点。一方面,针对相同的问题,可能每次收集到的数据有一定差距。另一方面,只要得到的数据足够多,在分析过程中就能得出该组数据的规律。[②]

（二）数据意识的阶段

数据意识能力的培养,可以让学生快速提取有用信息。能让学生在生活中遇到问题时,学会用数据去解释现象,并学会借助数据去认识事物。小学生数据意识能力的发展包括以下四个阶段。第一阶段,收集与整理数据,学生能收集数据,整理并提取数据中包含的信息;第二阶段,感受与理解数据,学生能通过对数据的初步探究,体会数据中包含的信息;第三阶段,处理与表示数据,学生能利用各类图表表示数据;第四阶段,获得与解释数据,学生能解释数据蕴含的结论。

（三）数据意识的述评指标

数据意识的四个阶段分别是收集与整理数据、感受与理解数据、处理与表示数据、获得与解释数据。可将第一个阶段表述为获取数据,第二、三阶段表述为加工数据,第四阶段表述为解释数据。数据意识的述评指标如表6-3所示。

---

① 中华人民共和国教育部.义务教育数学课程标准(2022年版)[M].北京:北京师范大学出版社,2022:9.

② 中华人民共和国教育部.义务教育数学课程标准(2011年版)[M].北京:北京师范大学出版社,2011:6.

表6-3　数据意识的述评指标

数据意识的述评指标	具体含义
获取数据	学生通过对数据的初步获取和分析,掌握收集数据的一般方式,并能自行借助文字、画图等形式展示分析结果
加工数据	学生对获取的数据进行简单加工,认识并且能用条形统计图等图表直观表示数据,感受数据中包含的内容
解释数据	学生可以自觉地从报纸等媒体中获取一些数据和信息,并可以解释简单的统计图

四、模型意识的概述

(一)模型意识的内涵

学生要想感知数学与生活问题的关系,培养模型意识是必不可少的。这是学生将数学与生活问题联系的重要过程。养成模型意识即借助数学符号列出算式,用于表达该问题中数的关系或者变化规律,最后得出问题的结论。[①]

(二)模型意识的阶段

小学生模型意识的发展主要包括以下三个阶段。第一阶段,在创设情境时,感知数学建模思想;第二阶段,在探究知识过程中,体验模型思想;第三阶段,通过特定问题,概括出新知识,即建立数学模型。

(三)模型意识的述评指标

模型意识的三个阶段可将第一、二阶段表述为感知模型,第三阶段表述

---

① 中华人民共和国教育部.义务教育数学课程标准(2011年版)[M].北京:北京师范大学出版社,2011:7.

为建构模型,这也作为模型意识的二级述评指标,如表6-4所示。

表6-4　模型意识的述评指标

模型意识的述评指标	具体含义
感知模型	学生将体验从实际情况中提取数字、图形等过程,以及简单的数据收集和分析。他们可以学习使用适当的符号来表示这些实际情况中的简单现象,并在其能力范围内提出一些数学问题
建构模型	通过一些特定的问题,学生观察和分析以抽象出更通用的模型表达式,例如,使用字母表示操作规律和问题的性质,并根据特定的数学问题总结距离、速度、时间、单价和数量等的关系,逐渐转变为积极使用数学模型观察、分析和解决一些数学问题

五、推理意识的概述

(一)推理意识的内涵

推理包括合情推理和演绎推理。合情推理是根据当下的事情出发,依靠经验和直觉,通过归纳等方式来分析结果。演绎推理是在规则和事实的前提下,按照规则或者规律得出结果。两种推理功能各有千秋,互相补充。[①]小学生推理意识的发展应该循序渐进地培养。无论是解决数学问题还是解决其他生活问题,推理意识都是人们习惯采用的能力。故而在小学阶段发展学生推理意识也十分重要。

---

① 中华人民共和国教育部.义务教育数学课程标准(2011年版)[M].北京:北京师范大学出版社,2011:7.

（二）推理意识的阶段

第一阶段，学习选择有用的信息进行简单的归纳和类比；第二阶段，通过归纳、类比和猜测，发展初步的合情推理意识；第三阶段，感受证明的必要性，发展初步的演绎推理意识。①

（三）推理意识的述评指标

由于小学阶段的学生推理意识主要包括合情推理和演绎推理，故将这二者作为推理意识的二级述评指标，如表6-5所示。

表6-5　推理意识的述评指标

推理意识的述评指标	具体含义
合情推理	学生可以从当下的事情出发，依靠经验和直觉，通过归纳等方式来分析结果②
演绎推理	学生能在规则和事实的前提下，按照规则或者规律得出结果。如通过定义、运算法则等来证明或计算③

以上便是笔者总结的小学数学核心素养的述评指标，表6-6是基于核心素养的小学数学学业述评指标。

---

① 中华人民共和国教育部.义务教育数学课程标准(2011年版)[M].北京:北京师范大学出版社,2011:6.
② 中华人民共和国教育部.义务教育数学课程标准(2011年版)[M].北京:北京师范大学出版社,2011:7.
③ 中华人民共和国教育部.义务教育数学课程标准(2011年版)[M].北京:北京师范大学出版社,2011:7.

表6-6　基于核心素养的小学数学学业述评指标

一级指标	二级指标	述评指标具体含义
运算能力	运算算理	学生掌握计算过程中的方式方法,能口头描述算式算理
	运算算法	学生在掌握算理的基础上,理解运算的多种方法,明白用该方法的原因,并能用不同的方法解决简单的计算问题
	综合运算	学生在掌握算理和算法的基础上,能在解决数学问题时,准确选择运算方法,设计运算过程,并得到运算结果
几何直观	认识图形	学生能认识基本的几何图形,感受基本几何图形的形状,但学生不能做出一个相同形状的几何图形,只能从整体上观察几何图形的大小、形状
	把握图形	学生能从几何图形的性质出发进行分析,能区分几何图形,能够作图
	感知关系	学生可以领悟到图形之间的关系,可以直观地感知几何图形的性质及图形与图形之间的数量特征①
	建立联系	学生能通过几何图形探究简单的数学问题,让学生建立起数学概念和数量间的关系
数据意识	获取数据	学生通过对数据的初步获取和分析,掌握收集数据的一般方式,并能自行借助文字、画图等形式展示分析结果
	加工数据	学生对获取的数据进行简单加工,认识并且能用条形统计图等图表直观表示数据,感受数据中包含的内容
	解释数据	学生可以自觉地从报纸等媒体中获取一些数据和信息,并可以解释简单的统计图

---

① 李习超.小学阶段几何直观概念的发展及培养研究[D].中央民族大学,2018:26.

续表 6-6

一级指标	二级指标	述评指标具体含义
模型意识	感知模型	学生将体验从实际情况中提取数字、图形等过程,以及简单的数据收集和分析。他们可以学习使用适当的符号来表示这些实际情况中的简单现象,并在其能力范围内提出一些数学问题
	建构模型	通过一些特定的问题,学生观察和分析以抽象出更通用的模型表达式,例如,使用字母表示操作规律和问题的性质,并根据特定的数学问题总结距离、速度、时间、单价和数量等的关系,逐渐转变为积极使用数学模型观察,分析和解决一些数学问题
推理意识	合情推理	学生可以从当下的事情出发,依靠经验和直觉,通过归纳等方式来分析结果①
	演绎推理	学生能在规则和事实的前提下,按照规则或者规律得出结果。如通过定义、运算法则等来证明或计算②

---

① 中华人民共和国教育部. 义务教育数学课程标准(2011 年版)[M]. 北京:北京师范大学出版社,2011:7.

② 中华人民共和国教育部. 义务教育数学课程标准(2011 年版)[M]. 北京:北京师范大学出版社,2011:7.

第三节 基于核心素养的小学数学学业述评的载体分布

基于核心素养的小学数学学业述评,教师可以将观察学生数学学习的表现、学生数学学习日记的内容、学生数学作业完成的质量、学生数学考试题目的正误作为述评的载体分布进行述评。

一、根据观察学生数学学习的表现进行述评

根据观察学生数学学习的表现进行述评,是最常用的述评方式。在每节课上课之前,教师可以根据本节课要达到的教学目标制定表格。此表可以用来阐明与这节课相对应的数学核心素养指标。小学数学学业述评应该表现出动态的过程,课堂上学生的学习状态恰好适应该要求,这可以作为教师对学生进行学业述评的重要借鉴。[①] 教师以课堂观察量表的形式,记录在课堂教学过程中,观察到的特殊学生的学习状况和反应,此处的特殊学生包括超额完成和未能完成该节小学数学核心素养指标的同学,记录时可以用特殊符号进行标记,以便节约时间。课后再对表格进行分析整理,及时对部分学生展开谈话,以利于今后更好地开展教学工作。

二、根据学生数学学习日记的内容进行述评

从学生活动的角度来看,教师可以让学生勤写数学学习日记。教师可以让学生把每天学习数学的感悟,对知识点的理解写在数学日记中。教师每周要随机检查学生的数学学习日记。这种述评方式可以使学生加深对数

学核心素养的了解,改善学习效果,并能养成课后反思这一好习惯。值得强调的是,在记录数学学习日记的同时,学生肯定会有不完整的内容甚至是错误。作为老师,我们需要及时发现并提出改进建议,这对于培养学生的学习习惯大有裨益。

三、根据学生数学作业完成的质量进行述评

无论是传统的教学模式还是现代的教学模式,数学作业都是测试学生对数学核心素养的掌握程度的重要材料,也是学业述评的重要材料。通过检查学生的作业,教师可以明确学生在数学核心素养的薄弱之处,或理解有误的地方。通过对学生作业进行整体的判断,我们还能较为准确地了解全体学生对数学核心素养掌握的整体情况。值得一提的是,教师在批改作业时应当及时做好批语,以便学生及时纠正或保持。这种述评方式在很大程度上提高了课堂教学的科学性和针对性,相较于其他学业述评素材,具有明显优势。

四、根据学生数学考试题目的正误进行述评

考试成绩虽然不能直观地反映出学生对数学核心素养的理解情况,但是正确率高、得分高的同学会比正确率低、得分低的同学掌握得更好。正确分析考试结果,从不同角度分析学生对数学核心素养的掌握程度,并及时找正确率低、得分低的同学谈话,了解原因,并做好记录,以便下次述评时作对比,帮助学生完成数学核心素养指标,培养数学学习兴趣,提高数学学业成就。

第四节　基于核心素养的小学数学学业述评的
实施建议

一、述评时应特别强调数学核心素养

　　小学数学学业述评时要体现数学核心素养的必要性要求。学业述评形式多样，但目前基于数学核心素养来评价学生学习情况的甚少。基于数学核心素养进行学业述评，有益于较准确地评价学生数学学习现状，了解学生数学学习的情况。通过观察法对研究对象进行调查，可以发现，教师在对学生进行述评时，常常是描述学生的课堂表现、作业情况和考试分数。对数学核心素养涉及不足。这样无法有针对性地提高学生学习某一板块内容的质量。所以小学数学教师在进行学业述评时，要注意根据数学核心素养在不同阶段的不同指标，对学生进行学业述评。教师们要加强对学业述评的认识，加深对数学核心素养的理解，明确在学业述评时体现数学核心素养的必要性。

二、述评时应准确描述数学核心素养

　　小学数学学业述评时要体现数学核心素养的准确性要求。这就要求小学数学教师要对基于核心素养的小学数学学业述评指标有深入的掌握。通过钻研已有的研究，对学者们提出的数学核心素养进行分析。在充分学习理论知识的前提下，在教学中不断实践、改进。最后在课下反思改进，并和有经验的教师交流讨论，得出一套适用于基于核心素养的小学数学学业述评指标，帮助他们在课前、课上、课后恰当有效地运用述评的方式来引导学生养成数学核心素养。所以，教师在述评前就应该做好充分准备，以便述评时准确描述学生数学核心素养的养成现状。

三、述评时应突出数学核心素养的个性化要求

小学数学学业述评时要体现数学核心素养的个性化要求,确定了基于核心素养的小学数学学业述评指标后,要根据不同学生,做出适当的调整。根据学生学习的差异性,述评时要突出个性化特点。不同地方、不同学校、不同年级、不同班级的学生都应该体现出个性化要求。在述评时,教师要根据实际情况适当调整基于数学核心素养指标的述评语言。切忌把成绩相同视为掌握水平相同。要多方面、多维度地分析学生数学核心素养的掌握情况,要对每个学生进行针对性的分析述评。把数学核心素养的指标作为述评的标准,通过对每个学生的课堂表现、数学日记、课后作业、考试成绩进行分析,再通过写评语的方式对学生的数学核心素养的掌握情况进行评价。述评时突出数学核心素养的个性化要求,有利于学生快速、准确地了解自己存在的不足,以便做出后续调整。

四、述评时应动态表达数学核心素养

小学数学学业述评时要体现数学核心素养的动态性要求。数学核心素养的形成不是短时间的,而是要长期积累。故而教师在述评时要考虑形成数学核心素养的全过程。这意味着述评应该考虑学生的回答过程、学习过程,而不是一味地关注最后的答案。有些学生在回答过程中步骤正确,结果出现错误时,教师不应即刻否定。此过程中的积极反馈比结果管理更有效,因为人类的学习和发展是一个动态过程,并且从此过程中获得的信息更加完整和真实。[①] 虽然重点是在述评中体现数学核心素养的过程要求,但诊断

---

① 刘玉华.基于核心素养的数学教学评价研究[J].兵团教育学院学报,2019,29(03):76-78,84.

和总结性述评也应通过日常学习活动有机地进行,以便学生有机会进行多次述评。

五、述评时应综合体现数学核心素养

小学数学学业述评时要体现数学核心素养的综合性要求。小学数学核心素养是有内在联系的,这种联系主要表现为注重知识间的综合,比如反映在作业或者试题上表现为可能有多种数学核心素养的要求。所以,在对学生进行学业述评时,不能只考虑单个数学核心素养是否达成,要关注各种数学核心素养的综合性。这也要求教师在上课、发布作业、命制考试题目时综合考虑运用各种数学核心素养,试题材料的呈现方式也应尽量不同。因此教师在提问、命制题目时要确定每个问题的测试目的,根据测试目的选取能体现数学核心素养之间联系、发展变化等观点的素材,科学创设问题情境,让学生综合所学的数学知识去解决问题。

第七章

发展性理念下小学英语学业述评

第一节 既有研究

一、相关概念界定

(一)发展性理念

发展性理念可运用于多个领域产生不同的概念,本文所指的是发展性学业评价中的发展性理念,即以生为本,立足现在,面向未来,尊重学生的个体差异,坚持学生可持续发展理念,宗旨是一切为了全体学生的全面发展,根本目的是促进学生的全面、个性的发展,了解学生多样需求,开发学生多方潜能,树立学生学习自信,关注学生发展的全过程。

(二)英语学业述评

《义务教育英语课程标准(2022 年版)》指出要培养学生的综合语言应用能力,包括语言技能、语言知识、情感态度、学习策略和文化意识五方面。因此,英语学业述评就是指以培养学生英语综合应用能力为目标,采取多种方法收集学生在英语学科教学与自学的影响下英语综合语言运用能力产生的变化,形成书面的总结性报告,以此来诊断小学生英语综合语言运用能力是否达到预期目标。

二、国内外小学英语学业评价研究

(一)关于小学英语学业评价目的的研究

语言是人与人之间交流与沟通的表达方式,尽管图片、手势、影片等媒介可以转递人们的思想,但是语言是最重要的媒介,语言可以使人以最快速、最便捷的方式交流意见、观念与思想等。随着互联网和交通的快速发展,世界日益联系成为一个"地球村",在世界加剧整合的过程中,语言在信息的加工、储存与传递中发挥着越来越重要的作用。英语作为全球使用最广泛的语言受到了各国的重视,很多国家都相继提出了以促进学生正确流利地使用英语交流,提升"语言应用"能力作为英语学业评价的最高目的。

我国 2007 年在英语课程改革中指出,英语学业目标由掌握语言系统向综合语言运用能力转变。美国指出,人类经验是语言和交流的产物,美国必须培养学生能够在多元社会语言背景中进行交际的能力。① 新加坡关于英语学业评价目的为能够塑造出可以有效、自如地使用英语语言进行日常交际的学生。②

(二)关于小学英语学业评价内容的研究

根据各国的小学英语学业评价目的,形成了广泛的评价内容。我国小学英语学业评价标准中指出,"本学业评价力求全面评价学生多方素质,包括基础知识、基本技能、思维能力、探究和解决问题的能力、学习策略和情感态度等方面的具体表现"。美国小学英语学业评价内容要求为:"评价内容要细化分解成小单元或小模块,评价内容要涵盖小学低年级学生应掌握的

① 章兼中.美国《迎接21世纪外语学习标准》评介[J].中小学外语教学(中学篇)2006(01):7.

② 刘文.初中英语教学中形成性评价的现状与对策研究.[D].辽宁师范大学,2012:5.

所有英语知识,并且还要保证评价内容有价值,能够准确地反映学生的英语学业水平。"①日本对小学生英语学业考查主要重视日常对话和学习发音,激发学生英语学习兴趣,不考核文字、文法。韩国则注重对小学生英语学习态度、策略以及综合运用语言能力的评价。②

(三)关于小学英语学业评价方法的研究

随着甄别性学业评价的弊端日益显露以及建构主义对新式学业评价方法的研究,小学英语学业评价方法越来越注重对过程的评价,向发展性评价转变。我国英语课程标准明确指出评价应采取形成性评价与终结性评价相结合的方式。Ellen Weber 在 *Student Assessment That Works* 指出学业评价的方法包括形成性评价和诊断性评价。③ 美国的小学英语学业评价以动态评价、选择性评价、档案袋评价、表现性评价等为主要方式。印度为学生英语学业评价制定了两方面的评估体系,即阶段性测试和持续性评价,并且纸笔测试的成绩在总成绩中的占比仅为40%,持续性评价占比可高达60%。④

三、国内外有关发展性评价的研究

(一)国外相关研究

尽管发展性评价理念在各国的教育评价中早已有所提及,但是,直到20世纪80年代才由英国开放大学纳托尔和克利夫等人正式提出,以促进学生长期发展为本,强调评价过程中师生与生生需要互相合作与信任,评价方法以开放性为主,其中面谈被认为是最优选项,以此助推学生的专业成长和人格发展。⑤ 相较于理论研究,国外对于发展性评价的研究多集中于实践应用

---

① 张珍.美国小学低年级英语学业评价及其建议.[J].内蒙古教育,2010:17.
② 冯增俊.当代中小学外语课堂发展[M].广东:广东高等教育出版社,2001:135.
③ 冯增俊.当代中小学外语课堂发展[M].广东:广东高等教育出版社,2001:135.
④ Ellen Weber.有效的学生评价[M].北京:中国轻工业出版社,2004:11.
⑤ 任娟.发展性学业评价之多元评价主体的研究[D].西南大学,2012:5.

之中。1999 年法国国民教育部颁布了学生学期成绩手册,该手册奉行的原则是教师对学生进行评估不是为了制裁与惩罚,而是关注学生的成长,功能是为学生的个人发展提供参照依据;在学业评价目的上,法国也不主张通过评价甄别、区分学生,而是更加注重形成性评价,通过持续关注学生学习过程来诊断、调控学生学习行为以促进学生成长;在学业评价的内容方面,法国试图通过越过学科的逻辑范畴规律,直接从知识与能力等方面对学生进行评价,并在此过程中充分考虑学生的素质和能力。① 美国《有效的学生评价》充分地预示了美国的学业评价正向发展性评价转变,在评价目的上,突出强调发挥学业评价在促进学生发展方面的功能;在评价方法上,提倡结合不同的评价目的灵活地采用多种多样的评价方法,同时充分发挥多元主体在评价中的积极作用,加强他们之间的交流、沟通与理解。② 国外这些有关发展性评价的研究与实践都为我国对发展性评价的探索、研究提供了良好的理论基础与大量实例。

(二)国内相关研究

与国外相比,我国对于发展性评价的研究具有起步晚发展快的特点,由于发展性评价切合我国基础教育改革理念,因此一经引入就在国内引发了广泛的关注与研究,并渐有主流化的发展倾向。2001 年我国教育部颁布的《基础教育课程改革纲要》提出了发展性理念,发展性评价理念由此在我国应运而生,由此激起了发展性学业评价在我国研究与实践的浪潮。

目前,发展性评价的研究主要体现在以下几个方面:①在内涵上,于开莲认为,发展性学业评价的起点与归宿是通过评价使学生获得学习能力和发展机会,教师要根据学生与学科具体情况采用恰当的途径、工具等开展评

---

① Eby,J. Reflective planning, teaching and evaluation for the elementary school[M]. New York:Merrill,1992.

② Ellen Weber. 有效的学生评价[M]. 北京:中国轻工业出版社,2003:8.

价工作,利用评价反馈结果展开行动,研究反馈信息,反思并改进学科计划、课程安排与教学设计等,使评价为学生、教师、教学三方服务,是推动三方协同发展的良好评价模式。① 李吉会指出,发展性学业评价是一种以学生为主体,以发展本位为理念的教育评价。② ②在评价目的上,我国《基础教育课程改革纲要》指出,发展性评价的根本目的是促进学生实现自己的目标,促进学生提高原有水平,逐步达到基础教育培养目标的要求。许爱红认为,发展性学业评价的目的是建立和谐的师生关系,促进新型师生关系的形成和发展,强调评价与过程的一体化,促进学生的全面发展,在此过程中提高学生的人格完善;③ ③在评价主体上,韩立福认为,评价首先要尊重学生和学生的主体地位,然后在此基础上构建多主体参与的评价格局,发挥多主体的评价力量,促进学生自我评价能力的发展。④ 杨慧指出,要发挥学生个人在自我学业评价中的功能,学生在评价中地位由被动转向主动,师生在协商中进行发展性教学评价。⑤ 曾文捷指出,发展性评价倡导评价主体的多元化,以多渠道的收集信息获得更加全面、客观公正的评价结果。⑥ ④在评价方法上,于晓霞认为,评价应该是一个动态生成的过程,建议定性评价和定量评价联动操作,关注评价的过程,保存学生在活动中的关键资料,更加全面、真实地反映学生的真实情况。⑦ 韩立福指出,发展性学生评价的方法应该多样、灵活、全面、有效;在操作上强调将多层次、多元化的考试,综合素质评价,以及

---

① 于开莲.发展性评价与相关评价概念与辨析[J].当代教育论坛,2007(03):36.

② 李吉会.发展性教育评价思想[J].教育评价2002(02):23-35.

③ 许爱红.对发展性学生评价本质的思考[J].中国教育学刊,2005(03):57-59.

④ 韩立福.全面发展性学生评价观:一种面向未来教育的评价理念[J].教育理论与实践,2004(03):21-25.

⑤ 杨慧.关于学生评价改革的几点思考[J].现代中小学教育,2005(05):72-73.

⑥ 曾文捷.小学教育学[M].北京:高等教育出版社,2017:208-283.

⑦ 于晓霞.传统学生评价与发展性学生评价比较研究[J].中国成人教育,2013(10):103-105.

质性档案结合起来,培育出能够进行独立提升自我发展水平的学生。[①]

四、对既有研究的评析

上述研究表明,英语学业评价的研究得到了各国广泛的关注,由传统的"甄别性评价"逐步转向"发展性评价",并且在内涵、目的、内容、主体和方法等方面提出了各式各样的观点。总结而言,发展性的学业评价强调以人为本,注重人的发展;多元主体参与评价,建立主客体对话协商机制,多渠道收集学生学业表现信息,力求获得更加全面、科学、公正的评价结果;采取多种多样的评价方法,对学生的学业评价不再局限于一把"尺子",而是多把"尺子"。

在英语学业评价和发展性评价方面,学者们都做出了较为成熟的研究,但是对于学业评价在落实中存在的片面化理解导致"只述不评"的现象却鲜少提及与研究。同时,将发展性评价与小学英语相结合的研究也是少之又少。

本书根据现有研究现状和研究进展,决定从传统小学英语学业评价产生的弊端入手,提出小学英语学业述评这一概念并进行阐述,进一步分析有效解决现存弊端的小学英语发展性学业述评生成策略。

第二节　小学英语学业评价的现实困境

小学英语学业评价是指教师运用恰当、科学有效的方法收集小学生在英语学科教学和自学的影响下英语学业及其表现的信息与资料,在此基础

---

① 韩立福.全面发展性学生评价观:一种面向未来教育的评价理念[J].教育理论与实践,2004(03):21-25.

上诊断学生英语综合语言运用能力掌握的情况,这个过程包含了收集学生英语学业情况信息对其进行客观的"述"和以"述"为基础进行的"评"两个过程。但是由于小学英语学业评价在字面上只展现了"评",大量教师不仔细钻研学业评价的真实内涵以及过分关注升学与追求高分,导致许多教师在对学生的英语学业进行评价时采取了以考试成绩为主的终结性评价,并以此作为标准,"一刀切"式判断学生英语学业表现情况,结果是只做到了"评"而没有通过多种途径收集学生英语学业成就来进行书面的"述",更没有做到以"述"来"评"。长此以往,教师对学生的学业评价无法客观地诊断学生的英语学业水平,也自然无法通过评价引导激励学生喜爱英语,努力学习英语来达到预期的学业目标,造成了小学英语学业评价的现实困境,这些困境集中体现在教师不当的评价目的、内容与方法上面。

一、评价目的失当,阻碍学生发展

(一)以提升英语应试能力为主,忽视英语应用能力

学业评价的真正目的在于通过客观的评价诊断学生的学业表现,根据学生的具体情况采取恰当的方法引导与激励学生学会学习,增强学习自信心,提升学习定力,让学生体悟到学习的趣味,从而获得自身的全面发展。然而,在落实小学英语学业评价时却存在大量教师以"升学"作为指挥棒,以获得"高分"作为学业评价主要目的的情况,这就导致了教师对学生的培养局限于应对考试,存在做对题目即可诊断学生优良的问题现象。同时,也让"唯分数论"进一步固化为学生的学习思维,学生的英语学习行为不再是由兴趣引发学习动机而生成,仅仅就是为了获得优异成绩而去掌握各种应试能力。

在阅读相关文献与笔者的观察与访谈中也获得了相应的调查结果,在给小学英语教师出示的几种英语学业述评目的中,包含提升学生升学率、反馈学生英语语言综合运用能力、诊断学生在英语学科学习中存在的困难、提

升学生英语语言学习兴趣、为教师改进教学提供依据等选项，其中选择提升学生升学率这一选项的教师超过了样本量的一半以上。这种以应试为目的的学业评价背离了素质教育的目标，培养的只是考生，而不是在日常生活中能灵活运用英语语言进行交际与生活的学生。[①] 单一以考试这种终结性的量化评价反馈出的仅仅是学生的逻辑思维能力和对英语知识的掌握情况，难以体现出学生在英语学习策略、情感态度和文化意识等方面的真实水平，而这种片面的评价反馈结果也令学生无法从教师的评价中得知自己的英语语言综合能力以及自己在英语语言学习中存在的问题，学生只能得知自己哪些英语基础知识没有掌握，却没有获得为何没有掌握以及如何解决的方案，这就难以帮助学生克服在学习非母语语言时存在的陌生感和不适感带来的畏惧心理，更难以激发出学生对英语学习的兴趣。即使学生最终掌握了大量的应试能力，也只是学会了如何做对英语这门学科的题目，而无法在生活中使用好英语这门语言。

（二）重视增长学生的英语技能，轻视英语文化熏陶

英语技能原本是指听、说、读、写四项基本技能和这四项技能的综合运用能力。然而那些将学业评价的目的定为为升学做准备的教师却将英语技能的习得与英语考试的结果相等同，即与小学英语考试的听力、阅读与写作相对应。因此，这些教师在对小学生英语学业进行评价时不断增加对英语技能评价的比重，引导学生重视学习与掌握那些能够获得高分的英语技能，却忽视了小学英语考试范围中规定的考查要涉及英美文化这一内隐知识。他们鲜少将提升学生的英语文化能力作为评价的目的，在课堂教学中也很少关注并评价学生是否了解英语语言国家的文化背景。长期下来就导致学生缺乏对英美历史、制度、风俗、生活习惯等方面知识的了解，令学生难以形成英美思维方式，无形之中加大了学生在理解英美语言与文化时的难度，无

---

① 赵阳.高中英语学业评价的现状及对策研究[D].辽宁师范大学,2011:19.

法在日常生活与交际中良好地掌握和运用英语语言。

二、评价内容缺失，导致片面发展

小学英语新课标指出应培养学生的综合语言运用能力，包含语言技能、语言知识、情感态度、学习策略和文化意识五方面。因此，要培养英语素质全面发展的学生也应该将这五方面作为评价的内容，通过多维的评价让学生充分了解自己在综合运用英语语言上存在哪些问题，进而引导学生进行改善。但是，根据总结相关文献和实际的调查与访谈，笔者发现，现在的小学教师在英语评价内容上存在单维度的问题，单维度不仅体现在教师重视对学生英语语言技能和语言知识的评价，轻视对学生是否具备国际视野、爱国精神等情感态度的测评，缺乏评价学生是否掌握了认知、调节、交际等学习策略以及是否具备文化知识、文化理解、跨文化交际等文化意识；同时这种单维度评价还体现在受重视的语言技能与语言知识中，在英语语言知识与技能的评价中教师明显缺乏对学生口语发音、语调以及话题叙述的评价，在语言知识中对语音尤其是重音、连读、节奏等方面存在评价缺失现象。这种单维的评价内容令评价的客观性与科学性降低，仅能反映出学生部分英语语言掌握与应用能力，并未全面开发学生的潜能，并且这种以英语语言技能和语言知识为主的评价内容强化了教师在评价中的主导地位，限制了学生英语语言的发展，使学生难以感受到学习英语带来的快乐与成就。[①]

三、评价方法陈旧，忽视个别差异

（一）缺乏对英语综合能力考查的灵活性

小学英语新课标指出教师应根据教学目标和评价目的，结合学生身心、认知发展规律，采取合理多样的评价方式，建议可使用测试、成长档案、问

① 宣小草.基于课程标准的小学英语学习评价的研究［D］.上海师范大学,2016:20.

卷、访谈等多种评价方法，并且学生可以在教师的指导下根据自己的特长与习惯选取合适的评价方法。然而，在实际的落实中，由于班级学生容量过大，教师资源紧缺与评价能力不足等多种原因，导致这些灵活性的评价方式难以落实，而简单易操作、甄别性强的终结性评价成为教师们的首选。但是学业评价不能简单地等同于考试，这种片面的评价观会导致学生逐渐"质化"，[①]用标准化的答案来评价所有学生的英语水平也会掩盖不同学生在英语语言方面的优势与特长，没有采取灵活多样的方式收集学生在国际视野、文化理解、跨文化交际、资源策略等方面的掌握情况和反馈信息，直接将未取得高分的学生简单地诊断为英语综合语言能力差，这十分不科学，教师自然也无法根据学生的独特情况进行因势利导、长善救失。

（二）所用评价方法未突出学生主体地位

笔者上文分析到由于学生升学压力大，教师评价能力有限，班级学生容量过大，课堂时长有限等多种问题，现在的小学英语教师多采用终结性评价来诊断学生的英语学业掌握情况，而这种评价就属于以教师为主导的单向评价，这种单一的施评者让小学生在英语学业评价中的主体地位难以得到保障。即使部分教师在教学中会采取一些学生互评与自评的方式，但学生的参与度与主动度却很难提升，这主要是由于教师没有指导学生学会使用恰当科学的评价方式与工具，未能有效引导学生通过自主探讨制定出英语学科的评价标准，缺乏帮助学生树立自我合理评价信心的专项指导，从而导致了学生评价兴趣不高，羞于评价，自然也就弱化了小学生在英语学业评价中主体地位。

---

① 罗卫东.英语课程学业评价的问题与对策[J].教学与管理,2015:43.

第三节　小学英语发展性学业述评特点

一、述评目的具有发展性

小学英语发展性学业述评与过去的终结性学业评价在目的上有着极大的不同,终结性学业评价的目的在于甄别与选拔,通过评价来判断学生的英语语言水平是否达到统一的标准与要求,却忽视了对不同学生个性与特长的关注;而发展性学业述评的目的在于促进学生英语语言水平的全面发展,充分承认并关注学生个体之间存在的差异,主张不再用一个固定的标准来对学生做出确定的结论,不以简单的分数或等级来诊断学生英语综合语言运用能力的情况,而是在充分了解学生的基础之上,分析学生的优势与不足,通过平等谈话的方式制定出适合学生特点的评价指标,①从而促进学生的发展,达到预期制定的学业目标。

二、述评内容具备全面性

与终结性学业评价相比,发展性学业述评不再只着眼于学生是否掌握了应试需具备的英语语言技能和语言知识这种单维度的内容,而将英语语言的创新意识、学习兴趣、学习策略、文化知识等都纳入述评的内容中去,并且受到同等的重视,力求全面、科学地诊断出学生的英语学业水平,进而能够有针对性、具体性地引导与激励学生的英语语言运用能力向综合性、全面性方向发展。

---

① 曾文捷.小学教育学[M].北京:高等教育出版社,2017:208-283.

三、述评方法富有多样性

小学英语发展性学业述评倡导述评的方式应具备多样性,不提倡传统学业评价所推崇的重"量"轻"质"的量化评价,因为这种单维度地以书面测试结果来评价学业水平的方式会将学生的英语学业水平单一化、表面化、浅显化,①难以保证其客观性、科学性与有效性,严重阻碍了小学生英语语言潜能的开发和个性与创造性的发展,而发展性学业述评能够根据不同学生个体、同个学生不同发展阶段、英语综合运用能力等各个方面的不同需求灵活采取不同的述评方法,保证了述评的全面有效。

第四节 小学英语发展性学业述评生成策略

上文阐述了目前小学英语学业评价存在着哪些现实困境并提出采取发展性的学业述评能够有效解决这些问题,同时分析了小学英语发展性学业述评的特点,进一步证实其对修正传统小学英语学业评价弊端具备良好的针对性与适用性。本节将对如何能够正确地生成与运用小学英语发展性学业述评提出具体实施建议。

一、述评目的确立策略:以促进学生英语语言自我发展为本位

小学英语发展性学业述评的生成包含目的、内容、方法三方面,述评的目的则是最为重要并居于首位的,它既是学业述评的出发点,也是归宿,只有树立起科学的述评目的,才能以此为依据确立相应的述评内容与方法,并

---

① 韩立福.全面发展性学生评价观一种面向未来教育的评价理念[J].教育理论与实践,2004(03):21-25.

在落实之后检验学业述评的最终达成情况与实施效果。小学英语教师要想生成发展性的学业述评目的,首先就要从思想上推翻过去以为升学做准备而严重违背素质教育的目标意识,认识到述评的目的不是甄别出学生的好坏与等级,更不是奖惩,而是要引导小学生从教师科学、合理、全面的英语学业述评中获取自我英语综合语言运用能力的清晰认知,了解自己在英语语言学习中的优势与薄弱点,并利用发展性的持续述评让学生看到自己的进步,获得学习英语的成就感,激发学生的学习兴趣与自我发展内驱力,促进学生英语语言的自我发展。一切为了全体学生的全面发展,这既是学业述评的宗旨也是总目的,述评要为学生服务,挖掘学生在英语学习中存在的各种潜能,促进英语综合语言能力的全面进步。

(一)以引导小学生树立正确英语语言学习观为目的

在传统的学业评价中,无论是以纸笔测试的分数,还是以"优、良、中、差"的分级化的方式来区分"好学生""中等生"和"差等生",在本质上都是为了甄别和奖惩,以此为目的的学业评价注定无法全面实施评价和促进学生的全面而综合的发展,并且也会诱导学生形成"唯分数论"的错误学习观。因此,小学英语教师要首先树立起自身关于学业述评的正确意识,小学英语发展性述评的根本是为了全体学生的全面发展,述评不是为了甄别出学生的优良,而是为了服务学生,让学生从教师连续不断的述评中了解自己在英语学业中一点一滴的进步,逐步实现自我的全面发展。教师要把这种正确的目的导向渗透到学业述评的内容与方法之中,例如在学业述评中尽量弱化量化成绩的权重,选取丰富而又全面的述评内容,采取多元主体和多样化的述评方式,润物细无声地引导学生通过学业述评树立起正确的学习观,意识到学习英语语言的真正目的,形成良好的学习态度,实现自我发展。

(二)以激励小学生获取英语语言的学习兴趣为目的

小学英语学业述评强调教师要通过科学、有效的工具和途径多方收集学生在英语学业上的表现情况,形成客观、全面、公正的述评,但是教师在落实时还要注意适当地采取正面的激励性述评,激励性述评对于学生认识自我,明确发展方向,从而进一步诱发学习兴趣,产生学习动机,维持长期认真学习行为等方面有着重要的正向作用。因此,小学英语教师在对学生进行学业述评时应树立起通过合理的正面述评激发学生英语学习兴趣的目的。在具体落实中,教师要善于观察,发现不同学生在英语语言学习中的优势与闪光点,不失时机地给予他们表现机会和肯定,教师的肯定与鼓励会在很大程度上加强学生对学习英语的信心,使学生获得克服困难的勇气与耐力。另外,也需要注意不可过度地采取正面述评,不结合学生实际情况一味夸赞、夸大学生优点等问题。

(三)以诊断小学生英语语言的综合运用能力为目的

诊断小学生英语语言的综合运用能力是小学英语发展性学业述评的具体目的,这一目的中包含了五方面的具体要求,要求教师要通过具备多样的述评方式诊断学生在这些方面的发展情况,例如在语言技能方面,是否获得了听、说、读、写的基本技能;在语言知识方面,是否具备了充足的语音、词汇、语法等知识储备量;在情感态度方面,是否对英语学习有学习意愿、自信意志、协作态度和国际视野等;在学习策略方面,能否进行自我调控、合理的资源管理策略等;在文化意识方面,能否进行跨文化交际、文化理解等。

二、述评内容选取策略:关注学生英语语言全面素养综合养成

传统的小学英语学业评价内容具有片面狭隘的问题,着重关注学生的英语语言知识与语言技能的掌握情况,以偏概全,忽视对其他方面的评价。因此在生成小学英语发展性述评内容时要注意克服这种倾向,在对述评内容进行选取时要突出学生在述评中的主体地位,可以通过师生平等对话的方式了解学生在英语语言学习中存在哪些优势与不足,自己想获得哪些英语语言运用能力。时刻把学生看作是一个具备自我潜能和自我需求完整的

人,灵活而全面地制定符合本班学生需求和英语语言发展情况的述评内容,令学生从多维度了解自己对英语语言的掌握程度,锁定发展薄弱环节,真正做到促进学生英语语言全面素养的综合养成。建议小学英语教师从语言技能、语言知识、情感态度、学习策略和文化意识五方面对学生的英语语言综合运用能力进行诊断,并在此基础上形成对学生的英语学业述评。

(一)英语语言技能

由于语言技能是英语语言综合运用能力的重要构成要素之一,因此,系统地收集学生在这方面的掌握情况信息是述评小学生英语学业情况的一个重要依据。根据小学英语新课标的规定,语言技能应包含听、说、读、写技能的综合运用,教师可以就这一要求收集相关信息。在具体操作中,针对不同年段,教师对学生的具体述评内容也应有所针对性。在"听"方面,对于低、中年段的学生主要是观察他们能否根据所听到的英语词汇找到对应的图片、能否根据教师所给英文指令做出正确反应、能否在一定提示下听懂英文小故事等;对于高年段的学生,要根据他们能否在一定外力的帮助下听懂英文听力材料、能否听懂简短的绘图英文故事、能否听懂教师的提问与指令并做出相应回应。在"说"方面,低、中年段学生需要具备模仿英文音频资料说话的能力,能够用英语进行简单的问候、自我介绍等;高年段学生则需要在英文交流时做到发音正确流利、表意准确、能够用英语对话题发表见解等。在"读"方面,要求低中年段的学生能依图认词、能够读懂英文绘本小故事等;高年段的学生应能读出读准所学过的词汇、能够读出并理解教材中的课文与故事等。在"写"方面,低、中年段的学生要能正确写出所学的字母与词汇、仿写简单句子;高年段的学生需要熟悉英文书面表达规则并能正确运用,根据一定的外部提示正确书写出要求的英文词句等。

(二)英语语言知识

英语语言知识包含五方面的内容,建议教师可从这五方面来述评学生的英语语言知识掌握情况。首先是语音,教师要着重观察和考查学生能否读出 26 个字母,在英文朗读时是否具备重音、连读、节奏等方面的能力;其次是词汇,重点考查学生是否熟练掌握了课表所要求的单词、短语的运用;再次是语法,要检测学生能否理解有关名词、代词、介词、时态、简单句的功能,是否能在适当语境中进行运用;然后是功能,主要是指检测学生能否掌握课标所要求的功能类语言,如问候、请求类语言的表达;最后是话题,教师应为学生创设讨论与对话情境,检测学生对饮食服装、学校生活等话题的见解与表达。

(三)英语学习情感态度

情感态度对于学生的学习具有调节、激励和维持的功能。保持积极的学习态度是英语学习成功的钥匙,因为浓厚的学习兴趣将会帮助学生产生持续而稳定的学习动机,树立克服学习困难的坚强意志和信心,形成团队意识、合作精神和积极向上的个性。因此小学英语教师应该把学生对于英语学习情感态度纳入学业评价的内容中去,在具体操作中可以根据学生在课堂上的表现状况,小组合作的参与度、贡献率和活跃度,作业完成情况,对待英语学习困难的态度,英文对话情景中的表达欲等作为参考依据述评学生英语学习情感态度。

(四)英语学习策略

根据小学英语新课标,英语学习策略包括调控策略、交际策略、认知策略和资源策略。教师可以通过观察学生英语每学期、每单元、每周的学习计划,自我评价记录等调控性措施来述评学生英语学科的调控策略获得情况;可以通过为学生创设交流情境、记录学生合作对话、自问自答等方式述评学生是否获得了良好的交际策略;通过学生的笔记、课文提纲等方式来获得学生关于认知策略的掌握情况;可以通过观察学生是否能采取多渠道获取英语知识、学习时间划分等方式来进行资源策略的述评。

(五)英语文化意识

每一种语言都是一个民族在长久历史发展的洪流中筛选出的精粹,饱含着丰富的民族文化内涵,是最适宜表达和使用的语言文字,因此学生接触和了解英语国家的文化有利于提升其对英语语言的理解与运用,有利于加深对本国文化的理解与认知,有利于培养学生的世界意识,形成跨文化交际能力。教师在对学生进行英语学业述评时不要遗漏了对学生英语语言文化的考查,对于小学低、中年段的学生要考查是否了解英语中简单的问候、告别、夸赞、英语国家常见食品、体育项目、传统节日等的表达,对英语国家历史、文化、节日传统是否具备初步的了解;对于小学高年段的学生则要考查是否理解英语中常见的习语、故事,能否表达出中国与英语国家在社会生活、交流沟通、饮食习惯等方面存在的差异,能否通过学习英语加深对本国文化的理解。

三、述评方法运用策略:多元述评促进全体学生英语语言发展

(一)因科述评,促进学生英语全面发展

小学英语教师在对学生进行学业述评时需要依据述评目标、述评内容采取多元的述评方法,但更为重要的是教师所选的述评方法要与英语学科有较强的适配性,这也就意味着教师应该做到因科目而述、而评,不是因为某些评价方法具备操作方便、新颖等特性而去采用。针对我国小学英语新课标提出的英语教学要发展学生语言技能、语言知识、情感态度、学习策略和文化意识五方面能力,以此全面促进学生英语综合语言运用能力的发展,小学英语学业述评方法也应根据这五个方面采取相应的述评方法。例如,在诊断学生英语语言技能掌握情况时,教师可以采用英语情景剧表演、英文画报制作、英语指令游戏、英文朗读比赛等多种方法对小学生英语"听、说、读、写"的语言技能进行述评;在对小学生英语语言知识述评时可采用口试、

纸笔测试、成长记录袋等方法；在述评小学生英语学习的情感态度和学习策略时可以采取行为观察述评法、谈话述评法、问卷法等①；在述评小学生的英语文化意识时可以使用师生英语情景对话、随堂测试、社会距离尺度法等。

（二）因人述评，充分尊重学生个体差异

根据加德纳多元智能理论，人的智能至少分为七个范畴，每一个人都有不同的智能组合，这就令不同学生在智力与能力、认知方式上都会存在着独特的个性，也就导致了学生在发展的过程中不可避免地会出现个体差异性这一特征。因此，教师不能选用单一的方法述评所有学生的英语学业情况，而要以多维、全面、发展的眼光述评学生。对于在英语能力上存在"失衡"的学生，譬如学生英语口语良好、发音准确、表达流利但阅读能力很差，教师不能单一采取纸笔测试的成绩来诊断学生的英语学业水平，要就其特长同时采取英文朗读、口语测试等多种述评方法及时发现学生的优点。这种"量身定做"的述评方法不仅令学生能够多维度、真实地了解自己英语语言综合运用能力的掌握情况，也让教师能针对学生的长处与不足及时引导学生改善自我学习中存在的问题，学会利用优势补齐短板，有效提高学生学习英语的自信心与兴趣。

小学生的个体差异还体现在认知方式上，主要表现为场独立型与场依存型。对于场独立型的学生而言，他们不太能够接受他人对自己的述评，对于自我英语语言能力，他们往往有着自己的独特看法，这就建议教师多采取谈话述评法，营造一个和谐的氛围与学生平等对话，在谈话中引导学生对自己的英语学业水平有一个客观的认识，同时教师也要通过谈话进一步了解学生的学业情况。对于场依存型的学生而言，他们容易受外界的述评干扰，在受到批评时容易产生气馁情绪进而造成学习兴趣下降的问题，针对这一类学生，教师在述评时应注意尽量采取正面述评并引导学生正确、理性地

---

① 赵阳.高中英语学业评价的现状及对策研究[D].辽宁师范大学,2011:19.

对待述评结果。

(三)分段述评,"多把尺子"灵活实施[①]

小学生的身心发展具有阶段性的特点,不同年龄阶段有着不同的特征和发展任务,这就要求教师在对小学生进行英语学业述评时不能采取"一刀切"和"一锅粥"式的述评方法,要根据学生不同的年龄阶段和学习阶段,采取不同方法,使用"多把尺子"灵活实施述评,这就是分段述评。这种述评方法体现出了发展性学业评价的宗旨,即充分尊重学生,一切为了学生的发展,了解学生需求,开发学生潜能。

针对低、中年段刚接触英语的学生,建议教师多通过谈话、游戏等方法为学生营造出一种真实、自然的学习情景,在愉快、轻松的氛围中对小学生英语语言的表现情况进行述评,这样既能提升英语课堂趣味与生机、唤醒学生学习英语的愿望,又能及时为教师反馈学生英语语言学习的真实情况和存在的问题;对于高年段已经具备了良好认知策略和学习方法的学生,教师可以采取英文热点问题辩论、英语演讲、英语课题研究等方法诊断学生的英语综合语言运用能力。

(四)学生、教师、家长三方共评

由于传统的小学英语学业评价多采取单维度的终结性评价,学生在学业评价中的主体地位难以保障,自我评价的能力渐渐衰退;同时,教师一方承担了全部的评价任务,负担过重,难以顾及每一位学生,评价的准确度与真实度难以保障。小学英语发展性学业述评以关注学生英语学业的全面性、发展性和多样性为出发点,力求改变学生在学业评价中的被动地位,改变教师的"独揽"地位和家长的"旁观者"身份,创造一个开放、民主、自由的述评体系,学生、教师、家长联动,以多元视角对学生进行客观、公正、全面的述评。

---

① 韩立富.全面发展性学生评价方法的策略研究[J].教育理论与实践,2004(07):34-35.

　　在这个体系中学生、教师、家长是一个"述评共同体",教师是学习的伙伴和述评专家。① 在这个过程中教师要担当起连接家校的桥梁,与学生和家长一同指定述评的标准、模式、方法、述评期限、反馈与纠正机制等;学生是学业述评的主体,可以通过自我述评和学生互评的方式了解自己的英语学业情况;家长是小学英语述评的支持者与协助者,发挥家长在家庭中能对学生进行长时间观察的独特优势,对学生的英语情感态度与学习策略等方面进行述评与补充。三方形成共识,发挥各自优势,形成良性互动。

---

　　① 韩立富.全面发展性学生评价方法的策略研究[J].教育理论与实践,2004(07):34-35.

结语　小学生学业述评展望

一、当前小学生学业述评总体进展

前文已经总结了关于小学生学业述评研究的现状,这里侧重对小学生学业述评的理论创新、实践行动等方面进行综合分析。

(一)理论建构相当薄弱

虽然小学生学业述评已经具有理论基础,也有一些其他理论可以嵌合进小学生学业述评的实践之中,但是系统、深入支撑小学生学业述评的理论体系还没有建构起来。通过检索中国知网等平台,直接与学业述评相关的文献屈指可数,与小学生学业述评相关的研究更是凤毛麟角。从教育学、心理学、社会学、管理学等角度研究小学生学业述评的研究还不常见,这些都需要今后进一步探索。

(二)实践探索不够系统

目前国内很多学校开展小学生学业述评都是零散的。有的探索基于教师个人的兴趣,有的探索则是在以前档案袋评价、过程性评价基础上优化来的。对于小学生学业述评如何系统规划、遵循什么步骤、怎样开展诊断、怎样使用结果等,都还没有较为完备系统的行动。

(三)条件支持有待强化

虽然学业述评一直存在,老师们的很多行动也符合学业述评的特征。但正式、规范地提出学业述评,应当从 2020 年中共中央、国务院印发《深化新时代教育评价改革总体方案》算起。由于诞生时间比较晚,各地区、各学校对老师开展学业述评的保障还相当不足,包括建立学业述评的研究组织、开展学业述评的培训、建设学业述评的资料库、开发学业述评的系统和平台等,都还有相当多的工作要做。

二、小学生学业述评展望

(一)从理论上看,有待形成契合小学生发展特点的新思想、新观点

一方面,小学属于义务教育阶段,本身并没有升学的压力,这从客观上给学业述评的理论探索带来了便利。另一方面,小学生从六岁到十三岁之间,年龄特征鲜明,具有其自身的教育心理基础,这也为小学生学业述评的理论发展提供了可深根细作的土壤。未来,开展小学生学业述评的理论探索,既可以从小学生学业述评是什么的认识论出发,也可以从为什么开展小学生学业述评的价值论出发,还可以从小学生学业述评的逻辑起点、哲学本源的本体论出发。

(二)从行动上看,有待开展系统实施小学生学业述评的新模式、新样态

教育是实践的学科,教育现场是广袤的行动土地。小学横跨一到六年级,年限长,学生年龄段分布也广,这为小学分阶段、分年段进行学业述评探索提供了有利条件。小学的学科多、学科全,在道德与法治、语文、数学、英语、科学、综合实践、劳动、体育、艺术,乃至地方课程、校本课程中如何分学科开展学业述评,都需要进行大量的有益探索。学业述评并没有固定的模式,各地区、各学校、各年级、各教师都可以开展适合自己班级和学生的探索,形成百花齐放的样态,培育出和而不同、各美其美的学业述评模式。

(三)从保障上看,需要营造全员、全程、全方位的小学生学业述评支持体系

作为一项系统性工程,小学生学业述评不应该是个别人的探索。学生

成长发展的各个相关利益者都应该参与进来,包括老师、同学、学校管理者、家长,以及学生自己。学生从一年级到六年级都可以开展系统的、分阶段的学业述评,对学生进行全程化学习记录、诊断、矫正等。此外,小学生学业述评虽然是通过语言进行描述,但同样需要利用信息技术、管理平台等进行支持,为学业述评的科学性、便利化提供保障。

参考文献

[1]卢梭.爱弥儿[M].李平沤,译.北京:商务印书馆,1978.

[2]周作人.儿童文学小论中国新文学的源与流[M].北京:北京十月文艺出版社,2011.

[3]冯契,徐孝通.外国哲学大辞典[M].上海:上海辞书出版社,2000.

[4]袁振国.当代教育学[M].北京:教育科学出版社,1999.

[5]中华人民共和国教育部.义务教育语文课程标准(2011年版)[M].北京:北京师范大学出版社,2012.

[6]中华人民共和国教育部.义务教育数学课程标准(2022年版)[M].北京:北京师范大学出版社,2022.

[7]冯增俊.当代中小学外语课堂发展[M].广东:广东高等教育出版社,2001.

[8]崔允漷,夏雪梅.试论基于课程标准的学生学业成就评价[J].课程·教材·教法,2007(1):13-18.

[9]教育部关于全日制六年制小学教学计划的安排意见[J].课程·教材·教法,1984(6):3-4.

[10]李妙红,齐玮,时玉莲.改革学业评价方式,促进学生全面发展[J].河北教育(综合版),2015(2):42-43.

[11]金龙德.新课程评价理念摭谈[J].吉林教育,2014(33):25-26.

[12]肖志康.教师评价转向:量化与质性的结合[J].林区教学,2022(6):6-10.

[13]中共中央办公厅、国务院办公厅印发《关于进一步减轻义务教育阶段学生作业负担和校外培训负担的意见》[J].贵州广播电视大学学报,

2021,29(3):72.

[14]刘志军,张红霞.普通高中学生综合素质评价:现状、问题与展望[J].课程·教材·教法,2013,33(1):18-23.

[15]薛琪,张新平.对教师撰写学生学业述评的认识与建议[J].中小学管理,2022(2):54-56.

[16]王建有,王卓月,邢利敏.人本主义教育观再探讨[J].中国冶金教育,2019(6):82-84.

[17]何咏燕.提升小学生"阅读力"的评价策略初探[J].教育导刊,2009(8):53-55.

[18]杨庆余.新课程背景下小学数学学业评价策略变革[J].教育科学研究,2008(6):24-27.

[19]张登山.卢梭与杜威儿童观之比较研究[J].南方论刊,2016(3):23-27.

[20]朱自强.论"儿童本位"论的合理性和实践效用[J].中国海洋大学学报(社会科学版),2014(3):109-117.

[21]吴钢.对我国中小学生综合素质评价的反思[J]现代中小学教育,2019,35(9):1-4.

[22]王雪静:浅谈多种评价方式提高小学生的综合素质[J].学周刊,2016(27):255-256.

[23]史定东.小学生综合素质评价的冷思考[J].辽宁教育,2015(17):67-69.

[24]郭娅.运用多元智能理论构建学业评价体系:新课程背景下县级小学生综合素质评价体系初探[J].科学咨询,2010(2):64.

[25]田友谊,邱月.学业评价观的变革:反思与构建[J].教育测量与评价(理论版),2011(5):4-8.

[26]徐岩,丁朝蓬.建立学业评价标准促进课程教学改革[J].课程·教材·

教法,2009,29(12):3-14.

[27]彭广森,崇敬红.中小学生学业成绩评价改革初探[J].教育实践与研究,2003(11):17-18.

[28]杜光强.人本主义教育理念对当代教育的启示[J].内蒙古师范大学学报(教育科学版),2011(1):1-4.

[29]黄也佳,王梦晗.论我国教育方针的人本主义取向[J].重庆电子工程职业学院学报,2015(2):77-80.

[30]刘建.人本主义教育哲学的反思与回归[J].教育发展研究,2017(6):57-62.

[31]吕忠伟,徐立国,王兴发.发挥主观能动性,有效实施学业评价[J].中国学校体育,2010(2).

[32]朱江.主体性:人本主义教育观的核心原则[J].山东社会科学,2007(3):153-154.

[33]王正.现代人本主义主体性思想探析[J].内蒙古民族大学学报(社会科学版),2002(8):33-36.

[34]张志扬,张智君.开放教育学生评价的现状分析及对策研究[J].江西广播电视大学学报,2005(4):21-24.

[35]2020全球智慧教育大会:聚焦人工智能与未来教育[J].现代教育技术,2020,30(9):126.

[36]王北生,王程程.未来教育与未来教育之研究[J].课程·教材·教法,2017,37(10):4-11.

[37]李笑非.创造最适宜学生的"未来"教育:基于核心素养与学习能力的未来学校建设探索[J].教育科学论坛,2016(14):27-31.

[38]杨宗凯.从信息化视角展望未来教育[J].电化教育研究,2017,38(6):5-8.

[39]余胜泉.大数据时代的未来教育[J].中国民族教育,2017(1):8-11.

[40]杨现民,王榴卉,唐斯斯.教育大数据的应用模式与政策建议[J].电化教育研究,2015,36(9):54-61.

[41]胡瑛.小学语文口语交际能力评价指标体系的构建[J].教育导刊,2006(8):20-21.

[42]田贤鹏.个性化教育与终身化学习:从《斯坦福2025》计划看未来教育模式变革[J].湖南师范大学教育科学学报,2017,16(1):57-64.

[43]杨宗凯.教育信息化十年发展展望:未来教室、未来学校、未来教师、未来教育[J].中国教育信息化,2011(17):14-15.

[44]伍民友,过敏意.论MOOC及未来教育趋势[J].计算机教育,2013(20):5-8.

[45]朱永新,徐子望,鲁白,等."人工智能与未来教育"笔谈(上)[J].华东师范大学学报(教育科学版),2017,35(4):15-30.

[46]祝智庭,彭红超.技术赋能智慧教育之实践路径[J].中国教育学刊,2020(10):1-8.

[47]毛刚,王良辉.人机协同:理解并建构未来教育世界的方式[J].教育发展研究,2021,41(1):16-24.

[48]周来宏,邵龙霞.试论小学语文的"综合性学习"[J].现代教育科学,2003(8):43-45,35.

[49]祝桂兴."语文综合性学习"课程特性及实施策略[J].教育评论,2015(5):138-140.

[50]余胜泉.人工智能教师的未来角色[J].开放教育研究,2018,24(1):16-28.

[51]林崇德.构建中国化的学生发展核心素养[J].北京师范大学学报(社会科学版),2017(1):66-73.

[52]窦桂梅.聚焦完整人的核心素养:清华附小"1+X课程"亮点[J].北京教育,2014(12):12-13.

[53]周淑红,王玉文.小学数学核心素养的特质与建构[J].数学教育学报, 2017,26(3):57-61.

[54]孔凡哲,史宁中.中国学生发展的数学核心素养概念界定及养成途径 [J].教育科学研究,2017(6):5-11.

[55]黄友初.欧美数学素养教育研究[J].比较教育研究,2014,36 (6):47-52.

[56]陈蓓.国外数学素养研究及其启示[J].高中数学数与学(人大复印), 2016(7).

[57]王光明,卫倩平,赵成志.核心素养视角下的跨学科能力测评研究[J]. 中国教育学刊,2017(7):24-29.

[58]辛涛,姜宇.基于核心素养的基础教育评价改革[J].中国教育学刊, 2017(4):12-15.

[59]杜玲玲,吕晓丽.学生核心素养与教育评价改革:中国教育学会基础教 育评价专业委员会2016年学术年会综述[J].教育测量与评价,2016 (12):9-16.

[60]杨向东.核心素养测评的十大要点[J].人民教育,2017(C1):41-46.

[61]王西军.谈小学数学立足于核心素养形成的教学评价[J].才智,2020 (6):58.

[62]刘玉华.基于核心素养的数学教学评价研究[J].兵团教育学院学报, 2019,29(3):76-78.

[63]章兼中.美国《迎接21世纪外语学习标准》评介[J].中小学外语教学 (中学篇),2006(1):7-11.

[64]张珍.美国小学低年级英语学业评价及其启示[J].内蒙古教育,2010 (2):16-17.

[65]于开莲.发展性评价与相关评价概念辨析[J].当代教育论坛,2007 (5):36.

[66]许爱红.对发展性学生评价本质的思考[J].中国教育学刊,2005
(3):57-59.

[67]韩立福.全面发展性学生评价观:一种面向未来教育的评价理念[J].教
育理论与实践,2004(3):21-25.

[68]于晓霞.传统学生评价与发展性学生评价比较研究[J].中国成人教育,
2013(10):103-105.

[69]罗卫东.英语课程学业评价的问题与对策[J].教学与管理,2015(10):
43-45.

[70]韩立福.全面发展性学生评价方法的策略研究[J].教育理论与实践,
2004(7):32-35.

[71]杨惠.关于学生评价改革的几点思考[D].上海:华东师范大学,2005.

[72]贺媛.建国70年来人教版小学语文教材第一册演变研究[D].延安:延
安大学,2020.

[73]陈矩弘."文化大革命"时期福建教育革命研究[D].福州:福建师范
大学,2004.

[74]张同珍.小学生学业成就形成性评价的学校个案研究[D].淮北:淮北
师范大学,2019.

[75]刘晓庆.大规模学业评价研究[D].武汉:华中师范大学,2013.

[76]孙娜.童心的回归与守望[D].金华:浙江师范大学,2014.

[77]董娟.基于儿童本位的课外阅读课外化研究[D].长春:东北师范
大学,2013.

[78]唐晨阳.基于儿童本位的小学语文寓言教学研究[D].湘潭:湖南科技
大学,2017.

[79]余璐."儿童本位论"的呼应与开拓[D].南京:南京师范大学,2008.

[80]邓莉.儿童本位视角下小学语文童话教学研究[D].杭州:杭州师范
大学,2019.

[81]方燕清.实施素质教育下小学数学学业评价的实践研究[D].上海:上海师范大学,2016.

[82]苏文.合作学习学生评价体系研究[D].济南:山东师范大学,2009.

[83]何杰."人本主义工程"的理论与实践研究[D].武汉:华中师范大学,2018.

[84]韩志鹏.基于人本主义的小学教育管理者自主管理研究[D].石家庄:河北师范大学,2019.

[85]孙丽娜.马斯洛人本主义理论及其当代价值[D].桂林:广西师范大学,2018.

[86]王晓彬.小学高年级学业质量评价策略研究:以大连市×区七所小学为例[D].大连:辽宁师范大学,2015.

[87]高闰青."以人为本"理念及其教育实践问题研究[D].兰州:西北师范大学,2008.

[88]谢莉.小学低段语文学业评价的实践研究:以成都市龙江路小学分校为例[D].成都:四川师范大学,2014.

[89]吴丽瑶.小学低年级语文学业评价现状的调查研究[D].上海:上海师范大学,2016.

[90]王琳.小学低学段识字教学策略研究[D].苏州:苏州大学,2017.

[91]崔海峰.小学生语文阅读能力的要素、结构、层次及其培养研究[D].南京:南京师范大学,2007.

[92]丁福军.核心素养视域下小学数学课程实施现状个案研究[D].南昌:江西师范大学,2018.

[93]于嘉文.基于数学核心素养的小学数学教学改革实践研究[D].沈阳:沈阳大学,2018.

[94]全婷.基于数学核心素养的小学数学课堂教学策略研究[D].呼和浩特:内蒙古师范大学,2018.

[95]李习超.小学阶段几何直观概念的发展及培养研究［D］.北京:中央民族大学,2018.

[96]刘文.初中英语教学中形成性评价的现状与对策研究.［D］.大连:辽宁师范大学,2012.

[97]任娟.发展性学业评价之多元评价主体的研究［D］.重庆:西南大学,2012.

[98]赵阳.高中英语学业评价的现状及对策研究［D］.大连:辽宁师范大学,2011.

[99]宣小草.基于课程标准的小学英语学习评价的研究［D］.上海:上海师范大学,2016.

[100]张福莲.大数据背景下的小学低段语文评价实践［A］//《教师教学能力发展研究》总课题组.《教师教学能力发展研究》科研成果集(十七卷)［C］.北京:《教师教学能力发展研究》总课题组,2018:1551-1554.

[101]钟启泉.核心素养的"核心"在哪里［N］.中国教育报,2015-04-01(007).

附录1 小学生语文学业述评

语文教师述评

学期述评1

李华同学,你在老师眼中就是一个小书虫,只要一有时间,你巴不得立马钻到书堆里,像一条鱼儿一样在书的海洋里畅游。你对书本的痴迷程度让老师都备感震惊,甚至对书本的一些插画你都能看得入迷,老师可以看出你对语文这门学科的热爱程度是非同一般的。你是一个聪明的孩子,不仅接受能力强,而且反应也很敏捷。老师在课堂上提问时,总是能够看到你踊跃举起的小手,并且得到你响亮的回答。老师很欣赏也很喜欢你这种敢想、敢说的学习劲头。

通过平时的观察以及批改你的答卷,老师发现你是一个注重理论与实践结合的人,你对语文的学习不仅仅是掌握课本知识,更是技能的培养,通过你积极参加朗诵比赛就能看出来。你这种全方位发展的意识是值得表扬的,老师也坚信最终你在语文学习中投入的精力与心血都能收到很好的回报。

短暂的一个学期就这样过去了，你即将进入六年级下学期的学习中，在新的学期里，老师想给你提以下几点建议：

第一，希望你能科学把控时间。做好学习的小主人，合理安排好自己的学习时间与娱乐时间，良好的精神状态能让你更高效地学习语文。

第二，希望你能做好课前预习。提前预习能帮助你掌握课堂的主动权，更好地跟上老师上课的节奏，并且课前预习能让你提前发现自己对课文的疑惑之处，以便于课上有针对性地去解决这些问题。

第三，希望你能广泛地发展你的兴趣爱好，语文的学习只是我们学习生涯中的一部分，我们不仅仅要学好语文，对个人技能的发展也是必不可少的，你可以寻找一些与你志同道合的小伙伴，共同努力，共同进步。

李华，老师相信你肯定能做到这几点的，并且变成一个越来越优秀的孩子，加油！

学期述评2

杰瑞同学，老师祝贺你又一次获得本学期的"语文优秀奖"。自设置这个奖项以来，你已经连续得了好几次了，这个奖项设置的初衷就是激励同学们勇攀高峰，老师可以看出来，你在语文上确实付出了很多精力。

你是老师心目中的乖孩子，你在这个学期里的整体表现还是让老师很满意的，上课认真听讲，作业既能保证按时完成，又能确保高质量，你的努力老师是看得到的，并且老师很欣赏你的这种学习能力。但是老师听说你和班里的同学交流较少，经常是独来独往，老师希望你在新的学期里能和大家敞开心扉，合作学习。身处于一个集体之中，就不要让自己游离出去，大家都是很善良与乐于助人的，你也要注意搞好自己的人际关系哦。

"宝剑锋从磨砺出，梅花香自苦寒来。"学习的成效是很慢的，你应该认识到这一点，并且确保自己无论何时，对学习都是充满激情的。老师希望你在新的学期里能做到快乐学习，减少语文学习的负担感，老师不希望你是为了应试才这么拼命地学习，而应该是抱着一种学好中华优秀传统文化的心态。老师期待你在新的学期里能够再接再厉,继续成为班里的语文学习优秀者,加油!

学年述评 1

张鹏同学,在老师的眼里,你是一个热爱阅读的孩子。老师多次发现在课间的时候,别的同学忙于嬉戏打闹,而你却在低头翻着一页又一页的语文书,全神贯注地沉浸在阅读的海洋里。不仅如此,你还在作业中运用了许多优美的句子以及大量的成语,让你的作文得到了升华,表达出来的情感是更加丰富与细腻的。

另外,通过对你作业的批改,老师发现你能将已经学过的诗句灵活巧妙地运用到写作之中,并且非常贴合写作要求,老师可以看出来你的语言功底相对于班里的许多同学来说是比较深厚的。

在你即将步入新一阶段的学习之际,老师想给你提以下几点建议:

首先,希望你能将阅读习惯一直坚持下去。语文是一门注重积累的学科,"读万卷书,行万里路""腹有诗书气自华",老师希望你能一直坚持下去,通过阅读,饱览壮美河山,与书中的人物对话,学习圣人先贤们的为人处世之道与学习之法,老师相信你肯定会受益终身的。其次,希望你能加强对自己写作的要求。虽然你的写作情况在班里已经是较好的,但是老师觉得你是很有希望向更高的层次去冲击的。最后,希望你能保持对语文学习的热情。一时的好成绩并不等于永久,后期的懈怠也会导致前期的努力前功尽弃,一定要更加刻苦努力,再接再厉!

学年述评 2

飞宇同学,小学六年求学生涯,如今你已经走过了一半,三年级的结束意味着你将迎来新一学年的学习。

你是一个学习积极性非常强的孩子,上课能动脑思考,主动发言。你本学年的语文成绩在班里是靠前的,这是你辛勤付出得到的回报,老师也为你感到高兴。在作文的写作方面你能紧扣主旨，较有针对性地进行写作。但是你也还有一些地方做得不是很好，比如说你的书写，一整年都是龙飞凤舞的，我们写字是不能过度去追求个性的，要遵循一定的规范性，假期不仅仅是用来放松的，还是用来提升自己的，希望你能够利用暑假好好练字，老师相信你一定能做好这件事情的。

老师希望你能明白学如逆水行舟，不进则退，要时刻提醒自己不能在学习上松懈。新的学年需要你做新的准备，在学习心态、学习计划、学习目标上都要做好规划与调整，老师相信你肯定会自觉地去规划好自己新学年的计划。

飞宇，美丽的蜕变离不开煎熬的挣扎，老师希望你能将压力化为动力，在新的学年里突飞猛进。加油！

毕业述评1

李梅同学，你是一个能吃苦耐劳的孩子。作为我的课代表，有时候会有一些作业收集与作业检查需要你配合我，但是你从来没有抱怨过辛苦。通过六年的学习，你也掌握了语文学科的基础知识以及相应的语文技能，你现在已经从我初见时的腼腆变得成熟沉稳起来，由最初的课上埋头沉思到如今的课堂上积极回答老师的问题。你已经学到了小学阶段需要掌握的内容，你能掌握到这个程度，说明你的学习能力是比较强的，也间接地说明了你的学习方法是值得认可的。

即将进入初中，老师相信你定能凭借积极的学习态度大放异彩。老师相信你小学掌握的写作、演讲、朗诵等技巧到了初中也是具备优势的。你是老师引以为傲的一个乖孩子，老师相信你进入初中时也能做到以下几点：

第一，保持对语文的热爱。虽然初中的课程变得多了起来，但是老师希望你能继续好好学习这门学科，因为语文作为我们国家的母语，是我们不能丢的、不能忘的。

第二，注重培养技能。语文学科所要求具备的技能大致可以归纳为听、说、读、写四类,老师希望你能牢牢地掌握好这几项技能。

第三,重视时间分配。步入初中后,随着课程的增多,作业的量肯定也会随之增加,因此,就需要你分配好时间,确保每个学科都能够得到合理的学习时间。

李梅,老师希望你在新的学习环境里能够继续加油,再创佳绩!

毕业述评2

恩学同学,转眼间已经到了要分别的时候了,六年的时光,转瞬即逝,老师回想起来,不禁潸然泪下。

作为班里的语文小组组长,你总是很配合老师的教学工作,课前你会帮老师组织同学们朗读课文,课堂上经常能看到你的小手高高举起,课后你还会收集好同学们的作业送到办公室给老师。老师要向你说声谢谢!你给老师的印象不仅仅是老师的小助手,还是一个书法写得不错的孩子,你书写工整,笔画到位,交上来的作业给老师一种眼前一亮的感觉。你的鉴赏能力也是很强的,对一篇古诗文,你也能清晰地分析出其中的艺术特点、韵律以及想要表达的思想情感。

恩学,求学之路道阻且长,老师希望你能不惧困难,勇于克服问题。在你即将进入初中之际,老师想给你提以下几点小建议:

首先,希望你能搞好人际关系,在新的学习环境里,你需要结交新的伙伴,共同学习、互相进步。

其次,希望你能继续努力学习。进入初中后,你会学习到更多的知识,因此,希望你能继续热爱语文,并且掌握更多的语文知识与技能。

最后,希望你能兼顾好学习与娱乐。进入初中后,课程变多了,学习的时间可能也会变得更紧,但是也不能忽视了适当的娱乐,希望你能继续保持在快乐中学习。

恩学,人生能有几回搏,尽情绽放吧,不负韶华。

家长述评

小勇,在爸爸妈妈的眼中,你是最棒的,是一个自律能力比较强的孩子。首先,虽然由于常年外出务工不能陪伴在你身边,但是每次打电话,我问你奶奶你在干什么的时候,她几乎总是和我说你在看书。在通话过程中你还能流畅地和我复述某篇课文大概讲了什么,由此看来,你对语文课本内容的掌握还是比较牢固的。

其次,在交谈中,你还能运用课文所体现的主题思想来与我进行讨论,并且能够发表自己的见解,爸爸可以看出你是一个会独立思考并且喜欢活学活用的人。

最后,在你即将步入五年级之际,爸爸想对你提以下几个小建议:

第一,希望你能增强自立意识。因为爸爸妈妈常年不在身边,对你的学习也提供不上其他的帮助,只能靠你的自觉去学习了,在遇到困惑的时候,要及时地向老师和同学请教。

第二,希望你能劳逸结合。得知你刻苦学习,爸爸很欣慰,但是孩子你要记住:身体是革命的本钱,良好的身体状态才是你能继续好好奋斗的坚实保障,因此,你也要适当加强身体锻炼,保证拥有一个健康的体魄。

第三,希望你不要有过多的负担。虽然我们的家境不是很殷实,但是请你不要因此产生过多的负担,在适合的年龄做适合的事,你正处于奋斗的年纪,爸爸希望你能全身心地投入学习中,将来不留遗憾!

同学述评

同学述评1

子宇,首先,你真是一个自律的人啊,几乎每次见面,都能看到你在看语文书。或许每个人的兴趣爱好都不一样,但是你这坚持不懈的精神深深触动着我,这或许也是你的成绩在班里总是名列前茅的原因吧,我觉得你的毅力真的很强。

其次,我觉得你是一个沉稳的人。你不会因为窗外的风吹草动而东张西望,而是专注于自己的学习;你也不会因为某个同学误解你而对他恶语相向,而是耐心和他解释;你更不会因为得到了老师的表扬而变得骄傲,而是一如既往保持谦逊的学习态度。我觉得你低调谦逊的学习态度真的很棒。

最后,我们即将一起进入五年级这一新的学年,我想给你提以下几点建议:

第一,希望你能保持初心。班里的一些同学沉迷于游戏,无心向学而且还经常在班里传播消极言论,希望你不要被他们影响到。牢记自己的初心,并且为之更努力地奋斗,加油子宇!

第二,希望你能加强与班里同学的相互学习。闭门造车式的学习是行不通的,班里也有很多像你一样热爱学习语文的同学,而且他们的成绩也不差,你们之间相互学习无疑就是互利共赢。

第三,希望你能始终保持一颗乐观的心。今后在学习的过程中要是遇到了难题或者是语文考试成绩不尽如人意时,不要气馁,你一直都是我学习的榜样!

同学述评2

芊芊,首先,我觉得你是一个善于学习的人。经常看见你拿着语文练习册到语文老师的办公室去,我知道你肯定是去向语文老师请教问题,因为我们班也就只有你会这么做了,大部分的人甚至从来没有问过问题,仅有的小部分也只是同学间的相互讨论,你这种敢问好学的精神让我敬佩,也值得我学习。你上课回答语文老师的提问时总是那么从容不迫,有条理地说出自己的想法,可以看出你的语言组织能力与表达能力是很强的。

其次,我觉得你是一个精益求精的人,语文老师布置的写作作业,你总是改了又改,不断地向同学请教,总是问是否还有更好的表达方式。你这种谦虚好学的精神深深地影响了我,我也一直把你当作我的学习榜样。

最后，希望我们在新的学期里能够一起进步，我想和你提几点我觉得对你可能会有所帮助的小建议：一是希望你能科学合理地规划好自己的时间。在这个学期里经常看到你沉迷于看书，几乎很少看到你与我们一起参与娱乐活动，学好语文并不是要你成为一个书呆子，你也可以从其他方面去学习语文知识。二是希望你能调整好自己的学习。我发现你时不时会出现情绪低落的情况，我不知道你是在学习上遇到了困难还是在生活上遇到了麻烦，但是我希望你能够克服这些外在的干扰因素，保持一个良好的学习状态。三是希望你能多和我们分享一些你学习语文的方法，我们只是笼统地看到了你的努力，但是我们更想学习你的学习方法，希望你能够与我们多多分享。

▶ 自我述评 ◀

在上一学年的学习生活中，我对自己的学习过程以及学习成果都是比较满意的。首先，我觉得至少我的学习态度是很端正的，并且通过大量的阅读，积累了不少的语文新知识，如今的我写起作文来感觉也是得心应手了。

其次，我对本次语文考试成绩也是满意的，虽然目前在班上还不是最好的，但是我感觉自己在不断进步，这也让我在学好语文上的信心更足。通过考试，我也认识到了自己的许多不足之处，比如面对一些较为新颖的题目，我的思维就很难转变，只是记住了一些固定的答题模式，尚不能灵活地应对那些创新类的题型。

最后，我也即将步入五年级，我对未来还是很有憧憬的，我想对自己新一学年的语文学习提几个要求：第一，发散思维。我会向老师和同学请教这一问题，为应对今后在语文考试中出现的开放性题目做准备。第二，全方面发展。我会有针对性地学习语文学科的其他技能，如演讲、朗诵。"路漫漫其修远兮，吾将上下而求索。"未来的语文求学之路还很长，我为自己加油，我相信我的语文学习一定会取得更大的进步！

附录2　小学生数学学业述评

数学教师述评

学期述评1

秋航同学,上学期你的数学成绩取得了很大进步,老师真为你感到高兴呀。重温你上学期的学习情况,老师觉得这些进步都是你应得的。

老师发现你在数学几何直观方面非常有悟性。你总能灵活判断两个相似图形间有怎样的转换关系,准确认识图形间平移、旋转与轴对称的现象。也能直观感受各种基本图形间角的大小、边的长短等数量关系,对各种基本图形的概念界定十分清晰。由此可知,你的几何感知能力和几何特征掌握得非常好。

此外,老师还经常看到你灵活运用恰当的几何性质、几何特征和定理解决基础应用题。由此可知,你对几何图形的性质掌握比较到位,也善于多向思考,搭建不同知识点间的联系。

小小少年,在你即将进入新学期之际,老师想给你提一点小建议:希望你可以规范作图。在做草图时也要注意把握各边的长短关系噢,图形画得越贴近题意,才能越快地通过图形获得解题思路。

希望你能再接再厉,不断提高数学学习的严谨性,老师相信经过本学期的努力,你几何直观的数学核心素养一定会迈上新的台阶。继续加油哦,老师期待你的表现!

学期述评2

子斌同学,时间过得真快呀,感觉转眼间,一学期就过去了。在过去一学期的相处中,老师发现你在数学学习上是一个非常好学上进的好学生。通过批改你的课后作业和考卷,老师看到你一般能将基础应用题的问题情境与实际生活相联系,准确理解问题情境的已知条件和设问,并提取题目中的关键数据,提炼数与数之间的联系。由此可知,你的数感和逻辑能力都很不错。

此外,你也能从不同的切入点进行思考,灵活运用多种方法解决基础应用题,并且举一反三地思考同类型的提升题,可见你的数学算理与算法掌握得非常扎实。

小小少年,在你即将步入新学期之际,老师想给你提几点建议:

第一,希望你能提高做题速度。你可以试着在众多解题思路中,针对不同的题型和设问选择更便捷的解法,以求为其他题目争取时间。

第二,希望你能减少非智力性因素的丢分。你可以在打草稿时注明题号,计算过程尽量书写清晰,保持版面的整齐,以求减少计算失误。

希望你能保持多向思考的好习惯,并及时弥补不足之处。老师相信经过本学期的努力,你的数与代数的核心素养一定会更上一层楼的。继续加油,老师看好你!

学年述评1

梓彤同学,日出星落,我们一起迎接朝阳,送走落日,一个学年就这样不知不觉地过去了。在过去一学年里,老师发现不仅你的性格变得更活泼开朗,你的数学成绩更是有了很大进步,我真为你感到高兴呀!

在过去一学年里,老师发现你在逻辑推理能力上取得了极大的进步。你能根据题目所给出的规则和事实寻找前后内容的联系与规律,并准确推断出所求的新数据。你也擅长从学过的性质或定理入手寻找解题思路,解决基础证明题。由此可知,你的数感以及演绎推理能力已经变得非常棒啦!

此外,老师认为你的模型感知能力也有很大进步。现在的你可以从题设中抽取出需要的数字、图形等信息,并对这些数据与信息进行简单分析。

你也渐渐学会了对题设中的常见现象运用符号来表示，并在能力范围内提出一些数学问题。可见你的模型感知能力也更上一层楼了。

眼看着你就要步入五年级了，老师希望你可以一如既往做一个积极主动的孩子，沐浴在知识的灿烂阳光里！加油，老师相信你一定会再创佳绩的！

学年述评2

丽媛同学，恭喜你再一次凭自己的努力获得了"数学学习之星"的荣誉称号。重温过去一学年里你的表现，老师觉得这个荣誉真是非你莫属呀。

你是一个模型建构意识较强的学生。你善于观察整理，总是习惯性使用一些字母或公式表示算理规律或问题的性质，把特殊问题一般化，因此遇到相同类型的题目时，你总能举一反三、快速思考并得出结论。你也是一个擅长归纳分析的好孩子。你总能根据多道特定的题目总结出特定几个量之间的等量关系，推理出常规公式并加以运用。可见你的模型构建意识非常强。

此外，老师发现你数据加工能力也很不错。你不仅能快速对所获数据进行简单加工，还能在柱形图、折线图等众多图表中选择合适的图表更直观地反映烦琐的数据，可见你的数据加工整理能力也很棒。

亲爱的孩子，在你即将步入五年级之际，老师想跟你提出一点小小建议：希望你可以有意识地运用所学知识解决生活实际问题，不要只是纸上谈兵。继续加油吧，老师相信步入新学年的你一定会更加优秀的！

毕业述评1

子豪同学，怀揣着毕业离别的不舍，回想着昔日的点滴，老师内心感慨万分。

你一直是我们班级的数学学习之星。课堂上总能看到你高举小小的右手，大声告诉同学们你的运算方法和速算得出的结果；在批改作业时总能看到你非常标准、美观的几何作图和严谨规范的证明过程;实践活动中也能看到你有条不紊地通过实地考察、估算、上网搜索等方式收集数据,并整理为简洁明了的图表以便观看;课间交流时还时常听到你与同学在热烈地讨论教室中的几何物体、探讨未解的数学题……因此老师认为无论是在运算能力、几何直观、数据意识还是模型意识的数学核心素养上,你都是一个优秀且主动探索的人。

在你即将展翅高飞,追寻更大梦想之际,老师想给你提一点小期望:希望你未来不卑不亢。步入初中学习,或许你会发现人外有人、高手如云,这时候请不要气馁,要相信你也很优秀;当然,也许初入新校园,你会觉得自己依然是最特别的,这时候请记住,新的学校就是新的起点,不要因为过去的成就而骄傲自满,只管继续向前奋斗吧!

子豪,天高任鸟飞,继续勇往直前吧,相信你一定会在新的天地成为耀眼的明星!

毕业述评2

晓桐同学,伴着六月的骄阳,怀揣着对你的不舍,老师不知从何下笔。

记得刚接手你们班时,你还是一个上课爱开小差,作业完成得马马虎虎,非常迷茫的小女孩。后来跟你的一次谈话中你说以后想考上一个好大学,后来你也开始一步一脚印地为之奋斗,在批改你的课后作业时,老师便看到了你的进步。现在你的作业很少会再因计算错误或算法公式记忆错误等非智力性因素丢分啦;曾经习惯性逃避的规律题和证明题,现在你也能根据做题经验、直觉推测或寻找规律等方法得出最终答案啦;遇到几何图形题目时,你再也不用像以前那样要先在草稿纸上涂涂画画才能想起它的性质特点啦……由此可知,你的算理算法知识、逻辑推理意识和几何直观思维都有了很大的进步,老师真为你感到高兴。

亲爱的孩子,你从未让老师失望,但老师相信你可以更优秀,因此在你即将步入初中新生活之际,老师想对你提出一点小建议:希望你的行动能跟上你的想法。老师知道你是一个很有想法的孩子,那么老师希望你决定要做一件事时,能争分夺秒地为之努力,而不是畏惧或拖拖拉拉。

晓桐,优秀的人无论在哪都会发光发热的,继续加油吧,老师相信你一定能考入理想大学的,老师等你的好消息!

家长述评

林玫,首先你向来是个让爸爸妈妈非常省心的孩子。每天我们下班回家,你总是主动拿出作业让我们检查。在陪伴你完成实践作业的过程中,爸爸发现你总能准确地从书本、橡皮等实际物体中抽象出简单的平面图形,并初步感知各平面图形的大小差异。由此可知,你对图形的整体感知能力非常好。

其次,你也能从图形的基本性质和形状特点出发,快速说出不同几何图形的名称;能独立通过尺规作图画出基本几何图形的形状,对不同图形各边长短的数量关系把握得比较精准,可见你的几何作图能力也很棒。

亲爱的孩子,在你即将步入四年级之际,爸爸想对你提一点小建议:你要习惯运用已掌握的几何知识解决生活情境题,而不是将几何知识与应用题割裂开;在学习上如遇到不懂的要敢于向老师和同学请教。

好孩子,希望你可以继续努力,发扬优点,改进不足。爸爸相信经过本学期的拼搏,你几何直观的数学核心素养一定会提升一大步的。继续努力呀,你永远是爸爸的骄傲!

同学述评

同学述评1

小玲,时间过得真快呀,一个学期已匆匆过去了。在过去一学期的相处中,我不仅跟你成了好朋友,也在你身上发现了很多值得我学习的长处。我觉得你是个非常能干的人,每次社会实践你都是我们班级的小能手呢。你总能又快又准确地收集各种需要的数据，还能清晰有条理地记录收集到的大量数据，为后续的数据分析工作打下好基础，每次和你一起参加合作探究活动，我都觉得你收集整理数据非常厉害。

此外，你总能通过简单的图片或图表把收集到的数据分类整理得一清二楚，帮助大家快速理解大量密密麻麻的数据，可见你数据加工分析的能力也很好。

但是小玲，我也有一点小建议想对你说：要拓宽获取数据的渠道。在开展数据调查前，我们可以先查阅一下网络中是否有所需的数据或结论，这样我们可以少做一点重复工作哦。

小玲，你是一个非常优秀的同学，希望你能继续保持积极主动的学习态度。继续加油呀，你一直是我学习的好榜样！

同学述评2

欣怡，时光匆匆流逝，转眼间一学年过去了，记得第一次见你时，我就感觉你是一个数学思维很好的人，在上学期的学习中我就感受到了你可是个换算小能手呀。无论是在学习上还是生活中，你总能正确理解常见的功能单位，例如时间单位、长度单位等，并能根据生活经验合理估计具体情境适用的功能单位。你也能快速处理常见单位之间的换算，懂得将抽象的大单位转换为熟悉的可估量的小单位。可见你对不同功能单位之间的换算原理和方法掌握得很好。

此外，我还总能看到你热情地教同学们怎样看钟表，怎样运用24小时计时法推算时间点等。你可是我们公认的小小老师呢。

很高兴认识你这位优秀的同学，在这里我也想给你提出一点小建议：希望你可以加强自主学习。你可以通过互联网教育平台了解更多功能单位，扩大自己的知识面。

欣怡，你是一位非常值得我学习的同学，希望你能继续勇往直前，探索未知。继续加油哟，你一直是我学习的好榜样！

自我述评

在上学期的学习生活中,我发现自己在数学学习上有一定的优势。我是一个热爱计算并且计算能力还不错的人,在一年一度的口算比赛中,我不仅是第一个提前交卷的考生,还取得了一等奖的好成绩;在课堂上,我也时常能比别人更快更准确地通过心算、估算等推理出正确答案。因此我认为我是一个运算能力较强的人。

但在期末考试中,我也发现了自己在数学运算方面的不足之处。虽然我的纯运算能力较强,但遇到具体情境问题时,我较难根据题意独立列出运算式子,导致我最终的数学成绩并不理想。

在即将步入三年级之际,我想对全新的自己提出一点小要求:我要克服自己的不足之处,让自己有机会发挥运算方面的优势。在这个过程中,我会多向班级上应用题理解能力较好的同学请教,学习他们的切入点和列式思路。

总之,我会再接再厉,我相信经过本学期的努力,我一定会有所进步的。

附录3 小学生英语学业述评

英语教师述评

学期述评1

邵飞同学,转眼间,我已经教你们班英语一学期了,在上学期的英语学习中,你"听"英语的能力真让老师惊讶!

当老师用简单的英语指令词授课时,你总是第一个听懂意思并大声告诉同学们;玩听英语识图小游戏时,大家都想跟你一组,因为你总会又快又准确地听清所读单词,并在自己的词汇库里回忆单词的意思,选出对应的图片;课后自由活动时,你还能根据课本和辅导书的小提示,大概听懂一篇英语小故事呢。对于听不懂的地方,你总是坚持不懈地听了一遍又一遍,然后把陌生的单词记录在小本子上。老师要为你"听"英语的能力和克服难题的毅力点赞!

但邵飞同学,老师觉得你可以更加出色,因此老师想跟你说说我的一点小建议:老师希望你可以多听一些不同类型的英语小短文,比如关于中国传统节日或是关于外国风俗习惯等。在练习"听"的同时也能提升英语文化水平。

小小少年,老师相信经过本学期的努力,你一定会更加出色的,继续加油哟!

学期述评2

宋丹同学,首先,你是一个善于学习的孩子。你本学期在英语各方面的学习都比上学期有了很大的进步,这学期你的词汇积累更加丰富了,老师通过批改你的期末答卷，发现你的好多句子里使用了副词、形容词，可以看出你的词汇积累进步很大。

其次，你是一个努力刻苦学习的孩子。你的听力成绩也比上学期进步了很多，语感的培养是需要多听英语听力的，可以看出你的语感也变得比较好了。

你在四年级下册的英语学习上整体表现是很不错的，积极参与英语小组的学习探讨，为小组贡献了自己的想法，并且积极地完成英语的小组作业，真是个英语学习小能手！

老师希望你能在英语学习的过程中收获更多，以下是老师对你今后学习英语提的几点小建议：

第一，希望你能继续努力学习英语。学无止境，对英语的学习不仅仅是掌握课本上的知识，还有很多深层次内容需要你去深入挖掘。

第二，希望你能灵活地学习英语。学好英语也是需要技巧的，老师希望你能找到适合自己的那套学习方法，提高学习效率，在快乐中学习英语。

第三，希望你能注重英语技能培养。虽然考试考的只是书本上的内容，但是要想真正地掌握好这门学科，就要进行全面的学习，特别是重视对英语技能的培养。

宋丹同学，老师相信你一定能做到以上几点，在新的学期里做得更好，加油！

学年述评1

子轩同学，不知不觉间一学年过去了，听说本学期你可是班级的"英语发言人"和"英语书法家"呢，老师也觉得这些荣誉非你莫属！

当老师让全班同学跟着录音读单词时，总能一下子就听到了你清晰大声且非常标准的声音；当你朗读小短文时，还会有意识地读出重音、停顿等特点，听你"说"英语真是一种享受呢！每次见到老师，你也会用标准的英语向老师问好；课下也能看到你与小组同学讨论国外景点、国外美食等，偶尔还能用英语跟同学交谈几个回合。看到你这么自信大胆地"说"英语，老师真欣慰。

小小少年，在你即将步入四年级之际，老师想对你提出一点小建议：希望你能试着多听小短文，并慢速跟读短文。因为英语学习不能只会认读单词，还要掌握句子、理解段落大意。

子轩，继续加油吧，老师相信经过正确的学习方法和不懈的努力，你的英语一定会更棒的！

学年述评2

李峰同学，你是一个有独立思想的孩子。老师通过一年以来对你的观察发现，你在英语学习方面是很有个性的，你不仅仅在学习英语知识上刻苦努力，你还会主动去了解一些英语语言国家的文化背景，比如这些国家的历史、制度与风俗习惯等。这对于英语的学习来说是难能可贵的，老师可以看出你对学习英语是有自己独到的见解的，而不是采用传统的死记硬背的方式。老师在批改期末英语答卷的时候发现你的英语写作确实写得不错，在语法上的错误较少，而且也能运用较为丰富的句式来表述自己的想法，整体看来，你的英语语感还是很不错的。

你还是一个有爱国情怀的孩子。记得你曾经和老师说你想学好英语，将来游遍世界各地，不断地传播我国的优秀文化，实现跨国际的文化交流。老师觉得你的这个想法非常棒，也希望你能为了这个目标坚持奋斗下去。

一年的时间转瞬即逝，你也即将迎来新一学年的英语学习，在你学习五年级英语之前，老师想给你提以下几点小小的建议：

第一，希望你能加强英语口语的训练。虽然你的英语成绩在班里已经算是较好的了，但是老师发现你的英语口语还有较大的提升空间，英语口语也是英语学习的一个重要部分，老师希望你在新的学年里能强化这个技能。

第二，希望你能扩大词汇量。老师发现你的句式虽然较为丰富，但是运用的词汇还是较为单一的，为了你能提升到更高的一个层次，老师希望你在新的学年里能积累更多的英语词汇。

第三,希望你能多进行英语交际。英语成绩的高低并不是学好英语的绝对标准,听、说、读、写这几项技能都是要掌握的,老师希望你能在日常学习生活中尝试用英语与他人交流。

毕业述评1

子怡同学,又是一年毕业季,转眼间小学六年就要结束了,老师也陪伴了你三年的英语学习。六年来,你的进步老师都看在眼里。

你是一个注重学习方法的人,总是定期制订周密的学习计划,我相信你的进步肯定离不开你的好习惯。记得刚开始时你只能听懂一些简单词汇,现在你都能听懂一些听力材料和英文故事了呢。以前的你不敢在大众面前说英语,可现在你不仅敢在同学面前大声说英语,甚至还在英语朗诵比赛中获得了一等奖呢。三年的努力,你的英语写作水平也得到了很大的提升,现在不仅你的英文写得更规范,你的词汇量变得丰富,语法点也变得更精准。

亲爱的孩子,三年来老师看到了你许多的进步,在你即将追逐新梦想之际,老师想对你提出一点小期望:希望你保持英语学习的冲劲。遇到困难时多与老师、同学交流,保持积极的学习态度,在英语学习中感受中西文化的不同,感受学习的快乐。

子怡同学,成功绝不会辜负努力的人,继续勇敢逐梦吧,老师一直与你同在,加油!

毕业述评2

张博同学,你是一个好胜心较强的孩子。六年来,老师发现几乎每次期末考试,你的英语成绩在班里都是第一名,我听班里有的同学说,你每个学期都会给自己定下要拿班里英语成绩第一的目标,可以看出来你还是很有上进心的,并且朝着明确的目标去奋斗。

你也是一个活泼的孩子,六年来你在英语课上一直都配合度极高,积极地举手、踊跃地回答老师的问题。你带领的英语小组在班里也一直都是最棒的,可以看出你是一个学习能力与领导能力都较强的孩子。

你的中考成绩也不负你这六年的努力,听说你的小考英语成绩也相当理想,老师想给你未来的英语学习提几点小建议:

一、希望你能保持对英语的学习激情。因为热爱,所以才更有动力去做好一件事情,希望你在初中能继续热爱英语,将它学好、学精。

二、希望你能不断扩大你的英语优势。由于英语需要掌握的内容较为烦琐,部分学生会对其产生厌学情绪,老师希望你能在小学六年的基础上继续刻苦地学习英语,让它成为你的优势科目,而不是学习负担。

三、希望你能学思结合。学习英语的过程中,需要不断地去思考,对自己经常错误的地方要进行总结与分析,争取做到不在一个问题上出现二次错误。

四、希望你在今后的学习中胜不骄,败不馁。老师相信你一定能创造属于自己的那份辉煌,你一定要好好加油哟!

家长述评

孩子,你是最棒的。看到你的英语成绩,爸爸感到很欣慰,由于爸爸妈妈也不懂外语,只能靠你自己摸索了,从识英文字母到现在能写出一整篇优秀的英语作文,你是爸爸妈妈的骄傲。

听你的英语老师说,你的语感很好,学习态度也很端正,爸爸希望你能在接下来的学习中再接再厉,争取取得更优异的成绩,爸爸相信你一定可以的。

这个学期的英语整体成绩比上学期进步了,这是值得肯定的,但是爸爸还是想和你提几点建议:首先,希望你能查缺补漏。爸爸发现你在每个题型上都出现了多多少少的失分情况,希望你能有针对性地进行查缺补漏。其次,希望你能多向老师同学请教。爸爸希望你能在遇到问题时及时向同学或老师请教,直到问题得到真正的解决。最后,希望你能做好规划。爸爸发现你学习英语时随意性较为显著,以致有时候甚至出现忘记完成英语作业的情况,爸爸希望你在今后的学习中能注意到这个问题并及时的改正。

孩子,在接下来的学习中你也不能松懈噢,前方还有很多未知的知识等着你去学习,加油!

◆ 同学述评 ◆

同学述评1

小洋,时间过得真快呀,转眼间一个学期就过去了,在上个学期的相处中,我不仅跟你成了好朋友,也在你身上发现了很多值得我学习的优点,其中我觉得你的英语书写和英语写作能力是最值得我学习的。

每次老师评讲单词抄写作业,你规范的英语书写总能得到老师的夸奖,老师还经常把你的作业贴在教室风采栏上展示;上学期的英语书法大赛,你还获得了年级一等奖呢。今后我也要向你学习,写出一手好字。

此外,你的英语作文也写得非常好,总能得到老师的连连夸赞,并作为范文在全班同学面前朗读。通过阅读你的作文,我一下子就感受到了你的作文写得非常流畅,每一部分之间的衔接都非常巧妙,词汇量和语法点也十分丰富,并且你也能运用一些简单的从句。这些都是我需要向你学习的地方。

小洋,你一直都是我心中的英语学习之星,希望你可以再接再厉,不断提高自己的英语水平。我也会向你看齐,努力成为一个英语很棒的人。一起加油吧,我的好榜样!

同学述评2

小明,你是一个忠实的英语爱好者。你对英语的学习不仅仅是局限于英语教材,还涉及一些国外著名的小故事,以及看一些中英双语课外书籍,我觉得你的英语阅读能力真的很棒。

另外，你是一个英语的狂热分享者。你在班里会经常和我们分享一些有趣的英语电影和英语书籍，让我们得以了解到更多关于英语的知识，我觉得你对英语的学习真得很广泛。

我们都即将步入五年级的英语学习，在新的学年里，我想给你提以下几点建议：

第一，希望你能加强你的英语朗读能力。我发现你在朗读英语课文的时候，在连续性以及节奏感方面做得还不是很好，希望你在新的学年里能够注意这些细节，相信你的英语朗读水平会更上一层楼。

第二，希望你在英语写作上能更加细心。我看了你的期末考试英语作文，发现还是存在一些时态、语法，以及用词的错误，希望你在新的学年能更加细心。

第三，希望你能勇敢地在英语课上展现自己。虽然我们觉得你的英语学习成绩很不错，但是在课堂上却很少发现你主动举手回答老师的提问，希望你在新的学年里能更加勇敢，你一定能成为更好的自己。

▶ 自我述评 ◀

在上学期的英语学习中，我基本能紧跟老师的节奏开展学习。课上能听懂老师的英语指令并参与一些英语小游戏或课堂练习；课后收听英语音频时基本能听懂大意，有时还能跟读录音；课间时间会主动跟小组内的同学交流探讨自己了解到的外国习俗，感受中外文化的不同之处。日常交流偶尔还能运用当日学习的英语小知识交流一两句……

但我知道自己还有很多需要努力的地方，在即将步入新学期之际，我想对全新的自己提出几点小要求：

第一，希望自己通过音标规则记忆新单词。年级越高，学习的新单词就会越多，希望自己可以真正掌握音标的拼读规则并运用音标记忆新单词，改变过去一味依赖谐音来记忆的方法。

第二，希望可以确定适合自己的学习策略。我可以制定一套周密的学习策略以督促、规范自己的英语学习，以免毫无章法地想到什么做什么，最终效果不佳。

总之，我会再接再厉，坚持优秀之处，改进不足之处，我相信经过本学期的努力，我一定会有所进步的！

后　记

在我的小时候,每学期放假前,老师会发给我们每人一张成绩通知单,有时候是一本小小的成绩手册。手册上有各科的成绩,也有班主任老师的评语。这大概是学业述评的雏形,尽管这里的评语大多是针对品德和在校表现的。

我很喜欢反复揣摩老师写给我的评语,我的父亲也很看重老师的评价。如果写有某方面还需要努力的话,我总是先衡量一下老师写的是不是事实。当然有时候家长也揪着这几句话不放,这让我很紧张。

现在教育界明确提出了学业述评的概念,我想这是以前教师评语的进化版。一方面,从科学的角度看,学业述评要准确概括学生的学习状态,包括可测量的学习结果,也包括只能通过观察、感受、互动才能提炼出来的学习品质,诸如学习投入程度、学习进步幅度、学习态度、学习意志等。另一方面,学业述评体现出强烈的学科特点,诸如语文要切合阅读、口语、写作等,数学要融汇几何、概率、计算等模块。此外,学业述评如何与信息技术结合,如何在学习过程中述评,如何在真实的基础上发挥激励唤醒功能。这些问题也需要在实践中解决。很幸运我与我的学生们开展了先行探索,虽然不一定有完美的答案,但希望能为有关学校、老师、家长,乃至社会各界提供有益参考。

本著作各部分的撰写分工如下。李健负责撰写前言、结语、后记;李健、周珊求负责撰写第一章;李健、方建霞、秦柱秀负责撰写第二章;冯美琪、李健负责撰写第三章;秦柱秀、李健负责撰写第四章;闭维维、李健负责撰写第五章;李瑞婷、李健负责撰写第六章;张文静、李健负责撰写第七章;李健、陈梦霞、刘长波负责撰写附录。全书由李健整体设计框架并统稿,陈梦霞、刘长波等参与了审稿、编辑、校对、文献核对、后期协同等工作。向参与本著作工作的各位致以诚挚的感谢！

　　本著作撰写过程中，我们参考了相关文献资料，引用了部分专家学者的思想观点，均已经严格按照学术规范予以著录，在此向他们表示无限的谢意！限于笔者的水平和学识，本书错讹之处难免，衷心希望各位读者给予我们宝贵建议和意见。

李　健

2024 年 3 月